T0084436

Hans-Günter Heumann

Für Elise

Die 100 schönsten klassischen Original-Klavierstücke
The 100 most beautiful classical Piano Pieces
Les 100 pièces classiques les plus merveilleuses pour Piano

leicht / easy / facile

Cover: H. J. Kropp

ED 20044
ISMN 979-0-001-15239-6
ISBN 978-3-7957-5891-2

Erweiterte Neuauflage / New Edition

www.schott-music.com

Mainz · London · Berlin · Madrid · New York · Paris · Prague · Tokyo · Toronto
© 2008/2018 SCHOTT MUSIC GmbH & Co. KG, Mainz · Printed in Germany

Inhalt / Contents / Contenu

Bestellnummer: ED 20044
ISMN: 979-0-001-15239-6
ISBN: 3-7957-5891-2
© 2008/2018 Schott Music GmbH & Co. KG, Mainz
Cover: H. J. Kropp
Printed in Germany · BSS 52905

4

Fuga

C-Dur / C major / Ut majeur

Johann Pachelbel
(1653 – 1706)

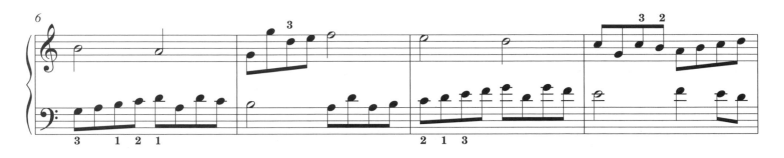

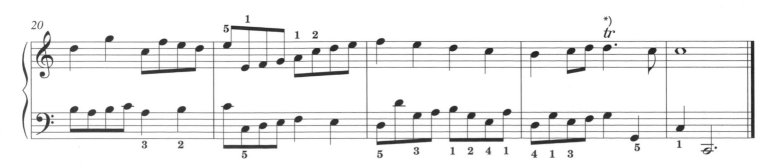

*)

© 2008 Schott Music GmbH & Co. KG, Mainz

Praeludium
G-Dur / G major / Sol majeur

Johann Kuhnau
(1660 – 1722)

Praeludium harpeggiato

C-Dur / C major / Ut majeur

Johann Kaspar Ferdinand Fischer
(ca. 1665 – ca. 1746)

aus / from / de: J. K. F. Fischer, Musikalischer Parnassus, Schott ED 6254

Menuett

G-Dur / G major / Sol majeur

BWV Anh. 114

Christian Petzold *)
(1677 – 1733)

*) Dieses Menuett wurde früher J. S. Bach zugeschrieben. Es steht im Notenbüchlein für Anna Magdalena Bach, Schott ED 2698
In the past this Minuet was attributed to J. S. Bach, as it is part of the Notebook for Anna Magdalena Bach, Schott ED 2698

Menuett

g-Moll / G minor / Sol mineur

BWV Anh. 115

Christian Petzold *)
(1677 – 1733)

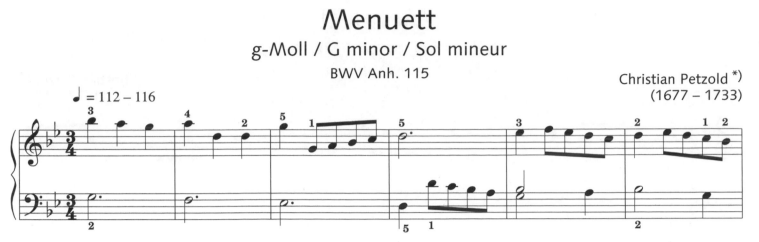

*) Dieses Menuett wurde früher J. S. Bach zugeschrieben. Es steht im Notenbüchlein für Anna Magdalena Bach, Schott ED 2698
In the past this Minuet was attributed to J. S. Bach, as it is part of the Notebook for Anna Magdalena Bach, Schott ED 2698

a)   b)

Gigue

G-Dur / G major / Sol majeur

Georg Philipp Telemann
(1681 – 1767)

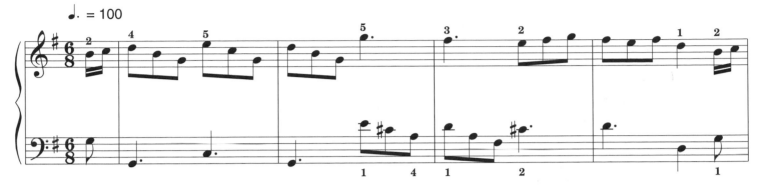

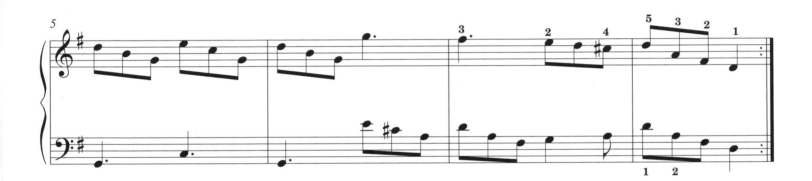

Le Tambourin

Jean-Philippe Rameau
(1683 – 1764)

D. S. al ⊕ – ⊕

Menuet en rondeau

C-Dur / C major / Ut majeur

Jean-Philippe Rameau
(1683 – 1764)

D. C. al Fine

Musette

D-Dur / D major / Ré majeur

BWV Anh. 126

Johann Sebastian Bach
(1685 – 1750)

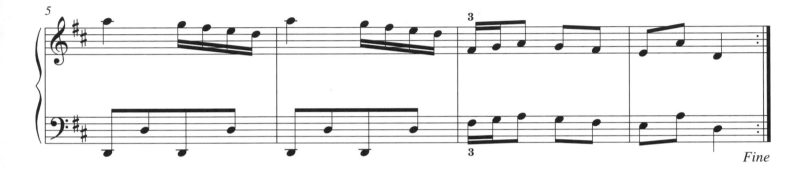

D. C. al Fine

*) aus: Notenbüchlein für Anna Magdalena Bach, Schott ED 2698
from: Notebook for Anna Magdalena Bach, Schott ED 2698
de: Petit livre d'Anna Magdalena Bach, Schott ED 2698

Menuett

G-Dur / G major / Sol majeur

BWV Anh. 116

Johann Sebastian Bach
(1685 – 1750)

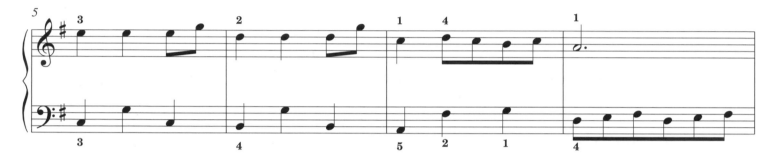

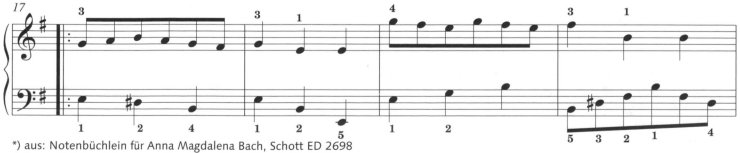

*) aus: Notenbüchlein für Anna Magdalena Bach, Schott ED 2698
from: Notebook for Anna Magdalena Bach, Schott ED 2698
de: Petit livre d'Anna Magdalena Bach, Schott ED 2698

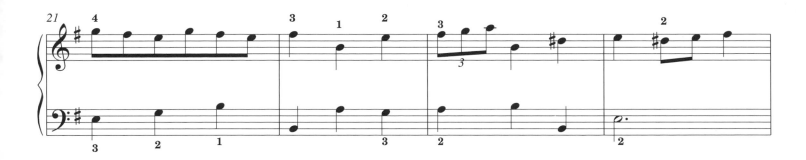

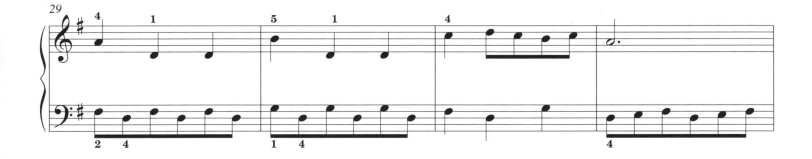

Polonaise
g-Moll / G minor / Sol mineur
BWV Anh. 119

Johann Sebastian Bach
(1685 – 1750)

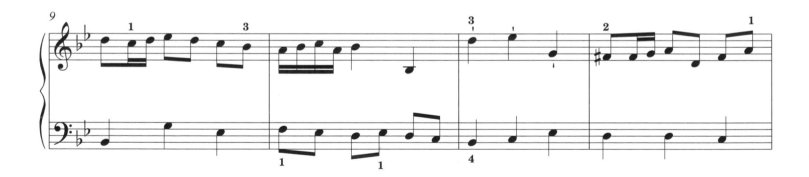

*) aus: Notenbüchlein für Anna Magdalena Bach, Schott ED 2698
from: Notebook for Anna Magdalena Bach, Schott ED 2698
de: Petit livre d'Anna Magdalena Bach, Schott ED 2698

Menuett
d-Moll / D minor / Ré mineur
BWV Anh. 132

Johann Sebastian Bach
(1685 – 1750)

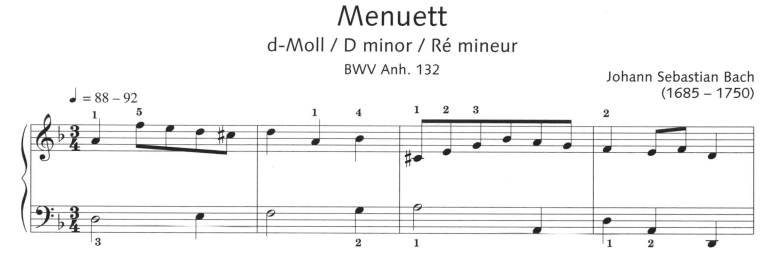

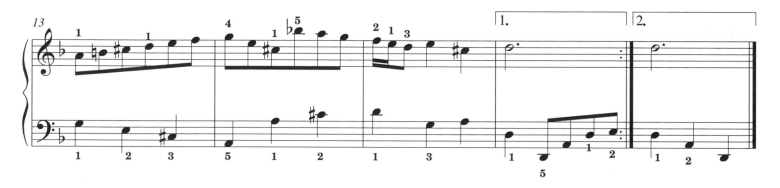

*) aus: Notenbüchlein für Anna Magdalena Bach, Schott ED 2698
from: Notebook for Anna Magdalena Bach, Schott ED 2698
de: Petit livre d'Anna Magdalena Bach, Schott ED 2698

Praeludium

C-Dur / C major / Ut majeur

BWV 924

Johann Sebastian Bach
(1685 – 1750)

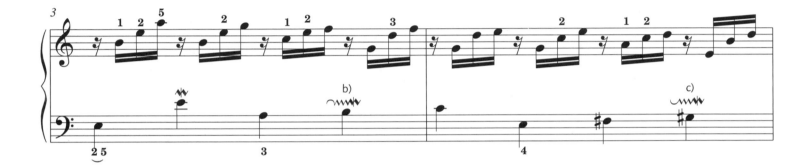

aus / from / de: J. S. Bach, 12 kleine Präludien / 12 little Preludes / 12 petits préludes, Schott ED 0849

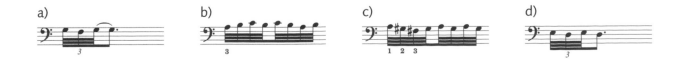

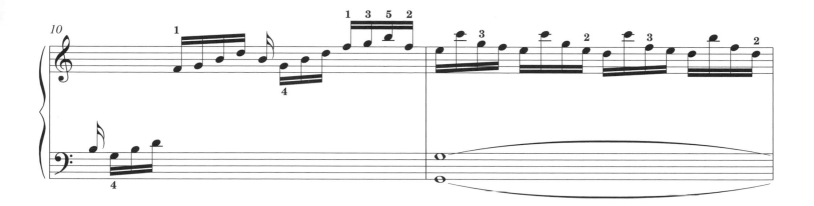

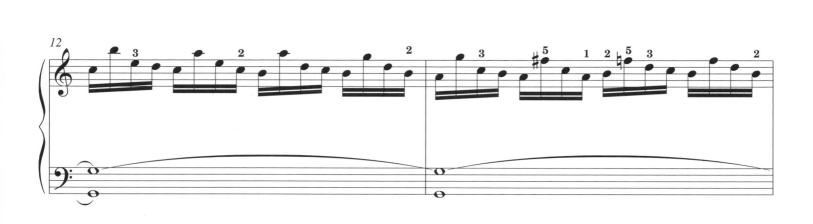

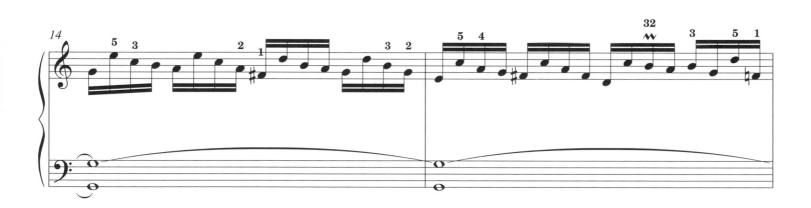

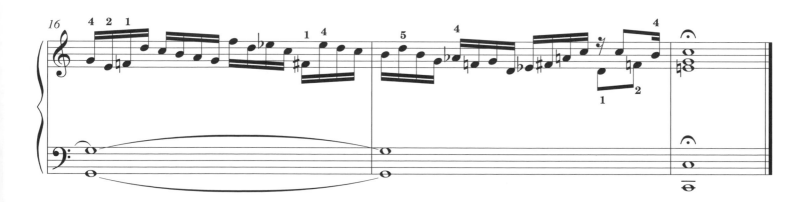

Praeludium

F-Dur / F major / Fa majeur

BWV 927

Johann Sebastian Bach
(1685 – 1750)

aus / from / de: J. S. Bach, 12 kleine Präludien / 12 little Preludes / 12 petits préludes, Schott ED 0849

Praeludium

C-Dur / C major / Ut majeur

BWV 939

Johann Sebastian Bach
(1685 – 1750)

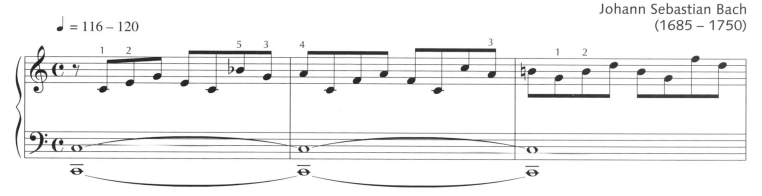

aus / from: J. S. Bach, 12 kleine Präludien / 12 little Preludes / 12 petits préludes, Schott ED 0849

*)

Praeludium

c-Moll / C minor / Ut mineur

BWV 999

Johann Sebastian Bach
(1685 – 1750)

aus / from / de: J. S. Bach, 12 kleine Präludien / 12 little Preludes / 12 petits préludes, Schott ED 0849

Praeludium

C-Dur / C major / Ut majeur

BWV 846

Johann Sebastian Bach
(1685 – 1750)

aus / from / de: Wohltemperiertes Klavier 1 / The Well-Tempered Piano 1 / Clavier bien tempéré 1, Schott UT 50050

Invention

C-Dur / C major / Ut majeur

BWV 772

Johann Sebastian Bach
(1685 – 1750)

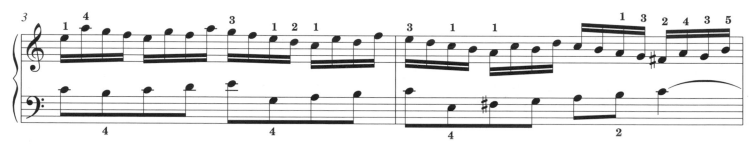

aus / from / de: J. S. Bach, 15 zweistimmige Inventionen / 15 Two Part Inventions / 15 Inventions à deux voix, Schott ED 01092

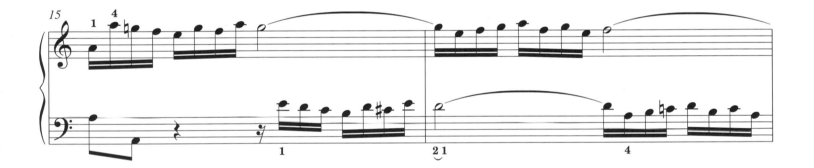

Invention
d-Moll / D minor / Ré mineur
BWV 775

Johann Sebastian Bach
(1685 – 1750)

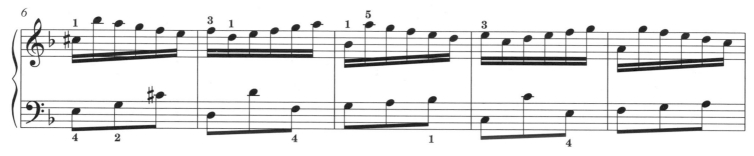

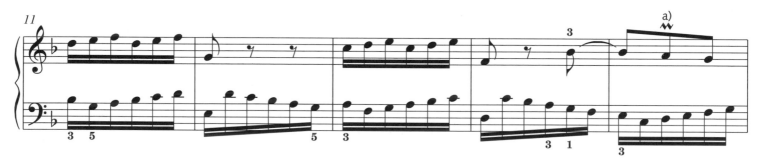

aus / from / de: J. S. Bach, 15 zweistimmige Inventionen / 15 Two Part Inventions / 15 Inventions à deux voix, Schott ED 01092

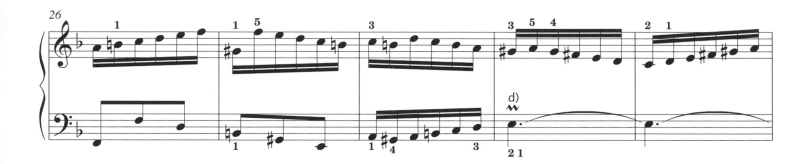

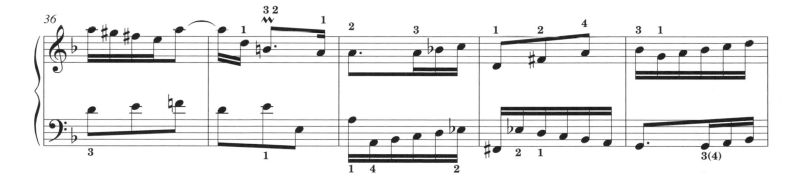

Sarabande

d-Moll / D minor / Ré mineur

Georg Friedrich Händel
(1685 – 1759)

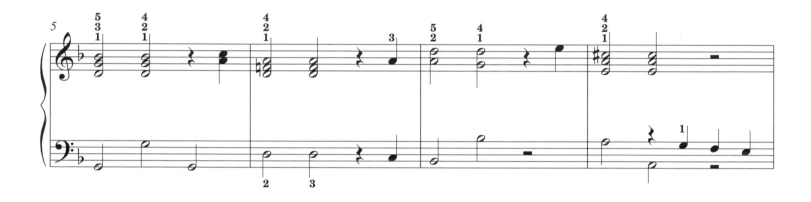

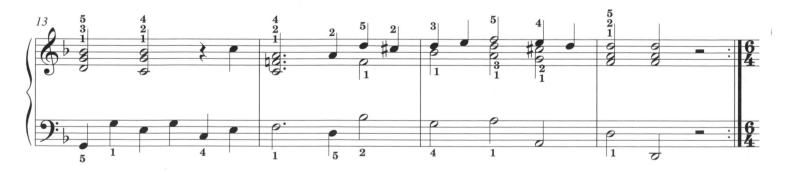

aus / from / de: G. F. Händel, Suite d-Moll / D minor, HWV 437, Schott ED 09845

Variation 1

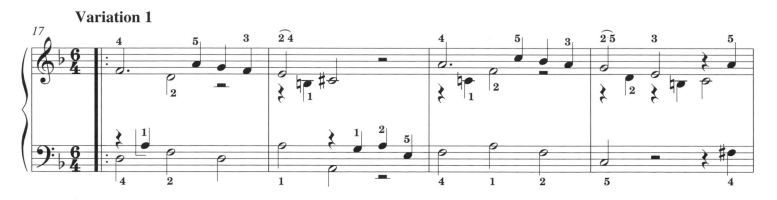

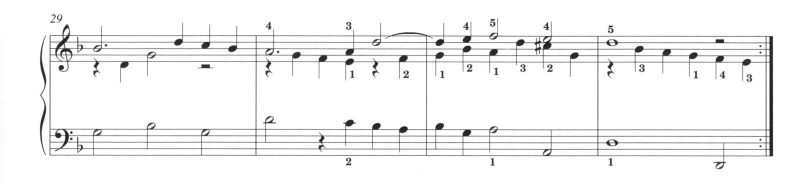

Variation 2

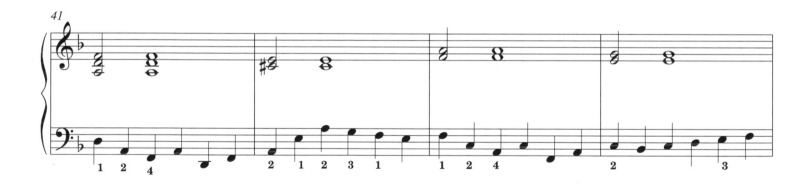

Gavotte

G-Dur / G major / Sol majeur

Georg Friedrich Händel
(1685 – 1759)

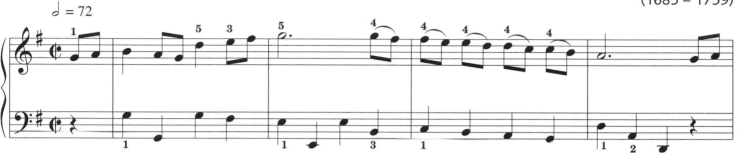

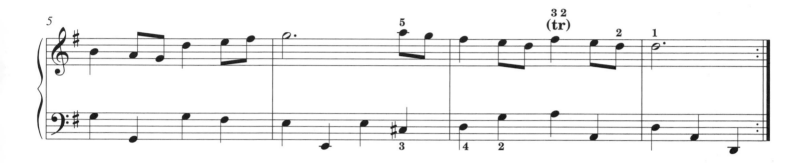

aus / from / de: Suite G-Dur / G major / Sol majeur, HWV 441

Chaconne
d-Moll / D minor / Ré mineur

Georg Friedrich Händel
(1685 – 1759)

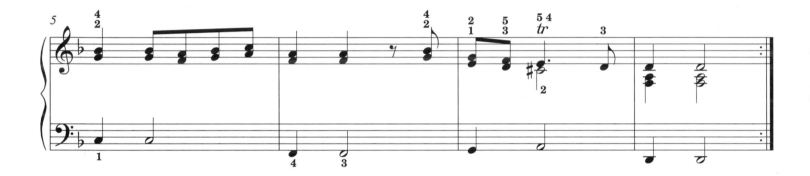

Variation I

aus / from / de: Suite d-Moll / D minor / Ré mineur, HWV 447

ossia: nur beim 1. Mal

Variation II

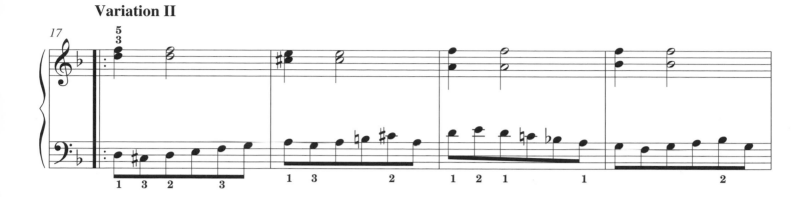

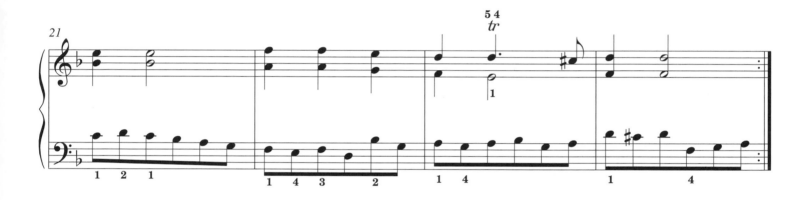

Variation III

Variation IV

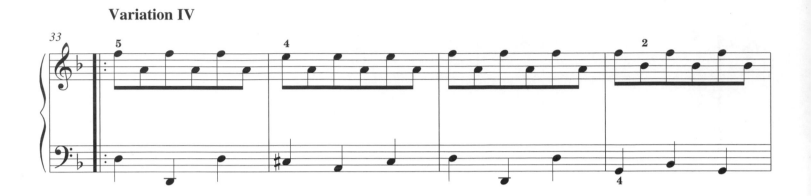

Variation V

Variation VI

Variation VII

38

Variation VIII

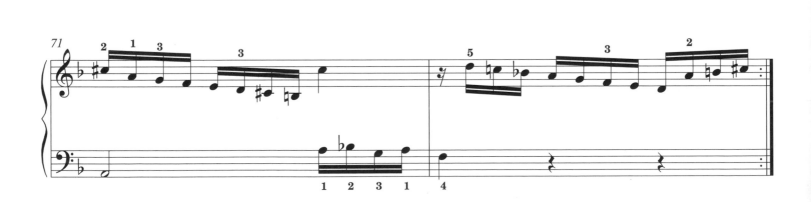

Variation IX

Variation X

Marche

D-Dur / D major / Ré majeur

Carl Philipp Emanuel Bach
(1714 – 1788)

aus / from / de: Notenbüchlein für Anna Magdalena Bach / Notebook for Anna Magdalena Bach /
Petit livre d'Anna Magdalena Bach, Schott ED 2698

Marche

G-Dur / G major / Sol majeur

Carl Philipp Emanuel Bach
(1714 – 1788)

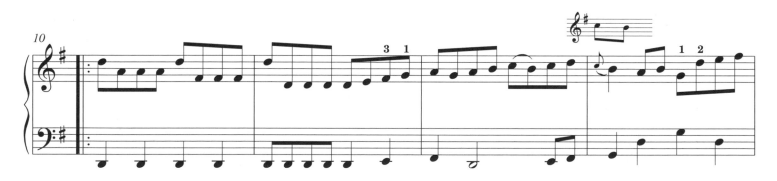

aus / from / de: Notenbüchlein für Anna Magdalena Bach / Notebook for Anna Magdalena Bach /
Petit livre d'Anna Magdalena Bach, Schott ED 2698

Solfeggio
D-Dur / D major / Ré majeur

Johann Christoph Friedrich Bach
(1732 – 1795)

aus / from / de: J. Chr. Fr. Bach, Musikalische Nebenstunden am Klavier, Schott ED 3768

Menuett

F-Dur / F major / Fa majeur

Joseph Haydn
(1732 – 1809)

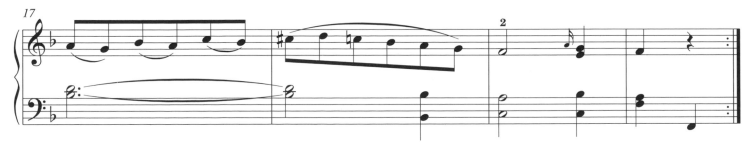

aus / from / de: 12 Menuets pour le Clavecin ou Pianoforte Hob. IX:8

Deutscher Tanz D-Dur

German Dance D major / Danse Allemande Ré majeur

Joseph Haydn
(1732 – 1809)

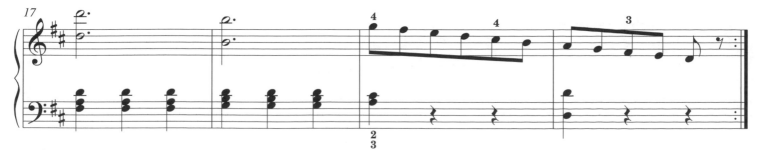

aus / from / de: 12 Deutsche Tänze / 12 German Dances / 12 Danses Allemandes, Hob. IX:12, Schott ED 2582

Andante
A-Dur / A major / La majeur

Joseph Haydn
(1732 – 1809)

Fine

Minore

D. C. al Fine

Sonate C-Dur

Sonata C major / Sonate Ut majeur

Hob. XVI:1

Joseph Haydn
(1732 – 1809)

Allegro ♩ = 126

aus / from / de: J. Haydn, 10 leichte Sonaten / 10 easy Sonatas / 10 Sonates faciles, Schott ED 9026

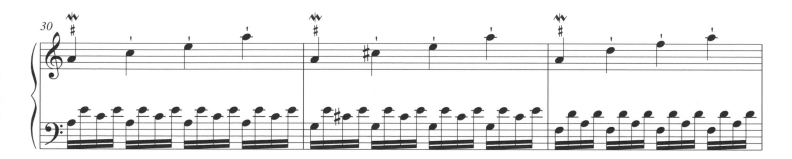

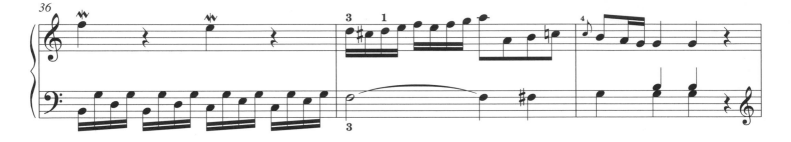

Andante ♪ = 76

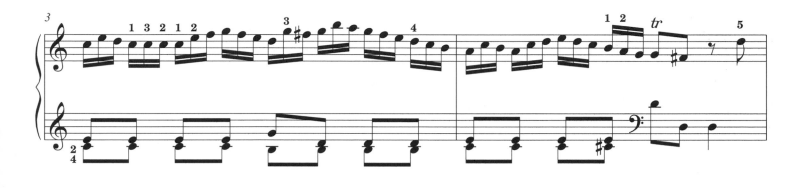

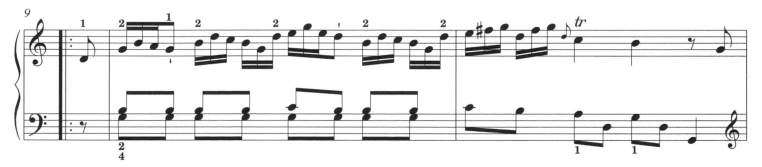

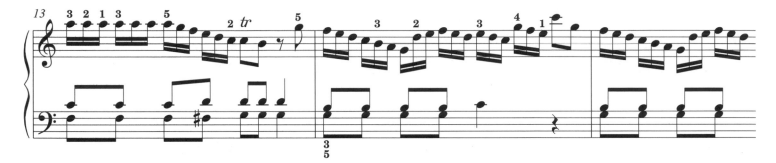

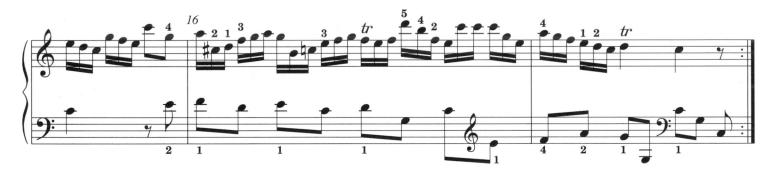

Menuett ♩ = 112

*)

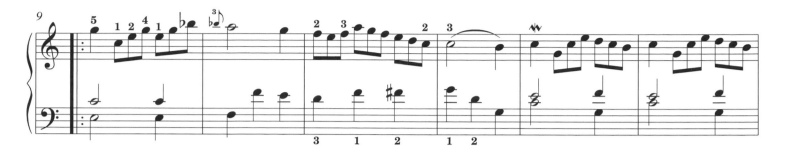

Trio

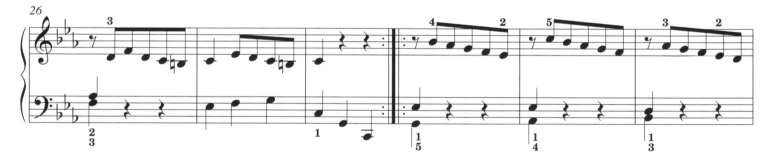

Menuett da Capo

Sonate G-Dur

Sonata G major / Sonate Sol majeur

Hob. XVI:8

Joseph Haydn
(1732 – 1809)

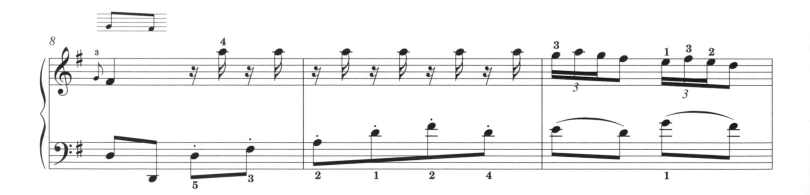

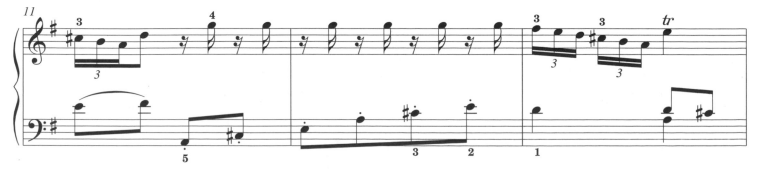

aus / from / de: J. Haydn, 10 leichte Sonaten / 10 easy Sonatas / 10 Sonates faciles, Schott ED 9026

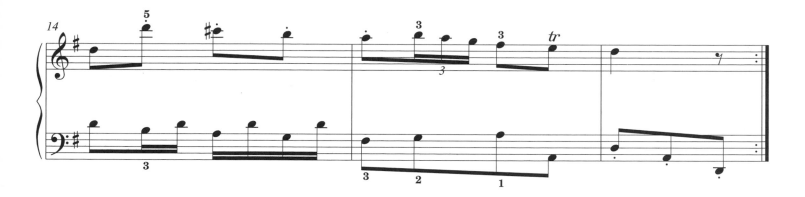

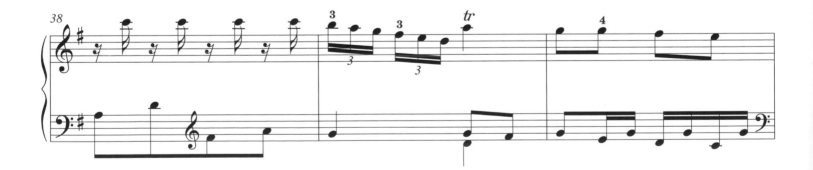

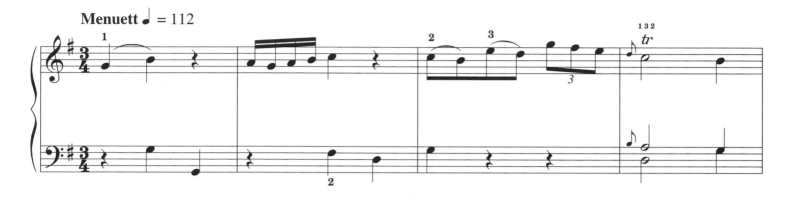

56

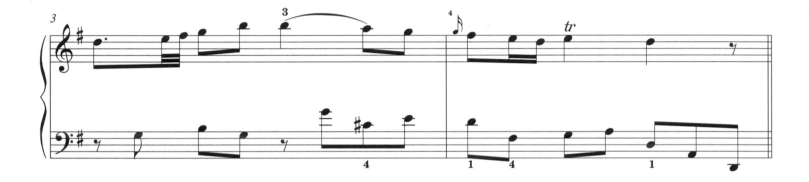

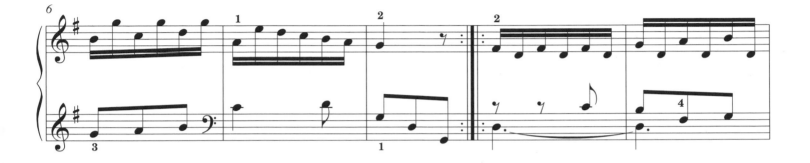

Prélude varié
C-Dur / C major / Ut majeur

Johann Wilhelm Häßler
(1747 – 1822)

aus / from / de: J. W. Häßler, Der Tonkreis, Schott ED 2577

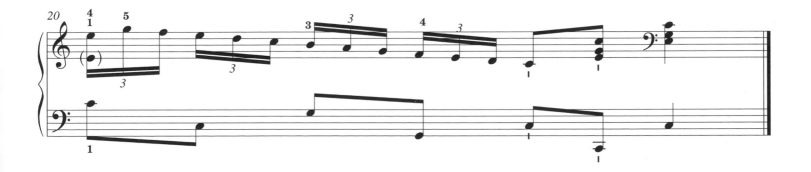

Ecossaise
G-Dur / G major / Sol majeur
op. 38/23

Johann Wilhelm Häßler
(1747 – 1822)

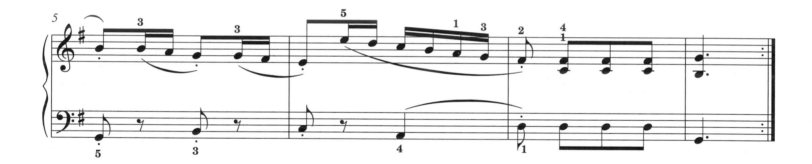

Romanze C-Dur

Romance C major / Romance Ut majeur

Christian Gottlob Neefe
(1748 – 1798)

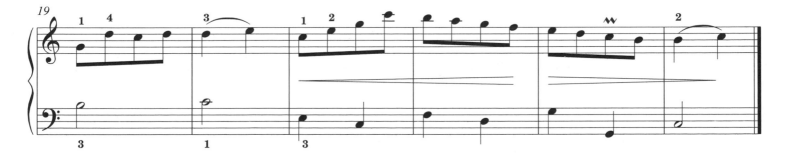

Leichte Sonate G-Dur

Easy Sonata G major / Sonate facile Sol majeur

Domenico Cimarosa
(1749 – 1801)

Allegro ♩. = 63 – 72

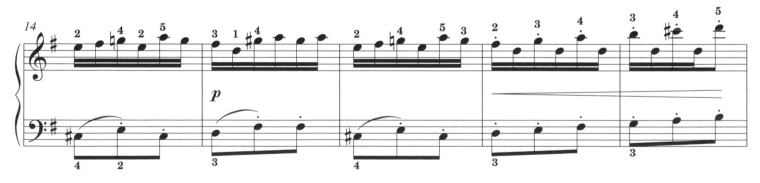

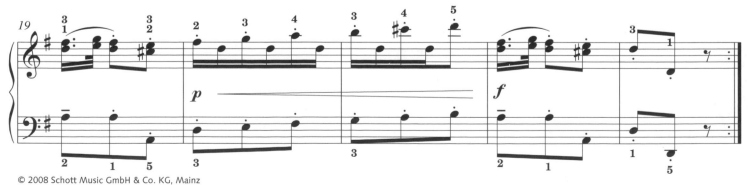

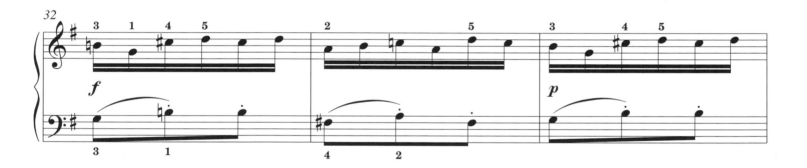

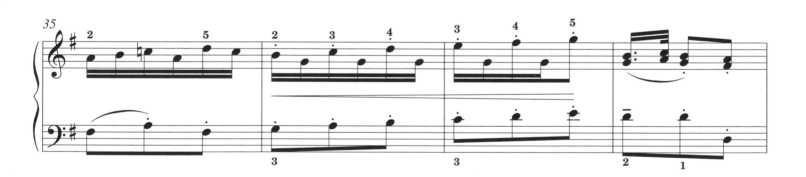

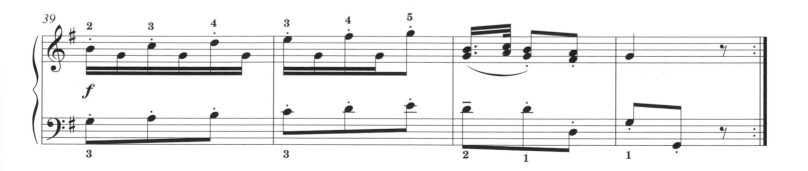

Kleines Rondo F-Dur

Rondo in miniature F major / Ronde en miniature Fa majeur

Daniel Gottlob Türk
(1750 – 1813)

Originaltitel: „Das Rondo im Kleinen"
aus / from / de: D. G. Türk, Anfängerstücke für Klavier / Beginners Pieces for Piano, Schott ED 3763

Sonatine C-Dur

Sonatina C major / Sonatine Ut majeur
op. 36/1

Muzio Clementi
(1752 – 1832)

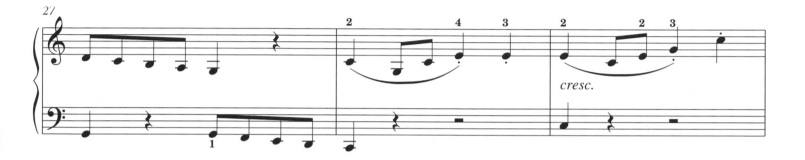

68

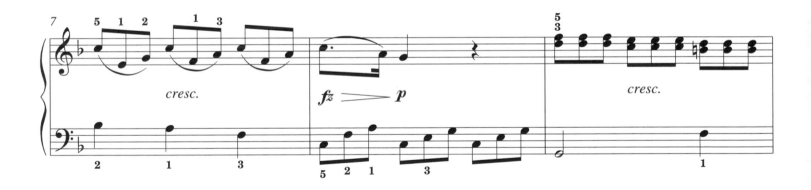

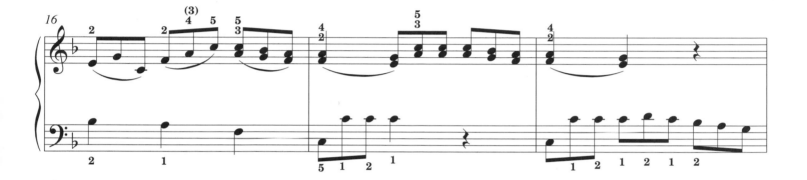

Vivace ♩. = 76 – 80

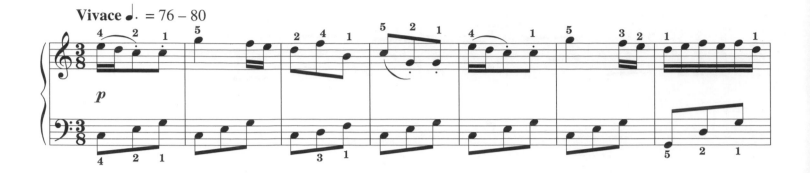

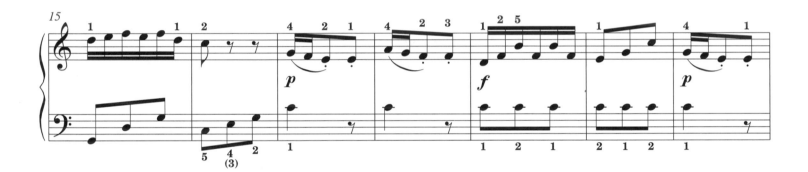

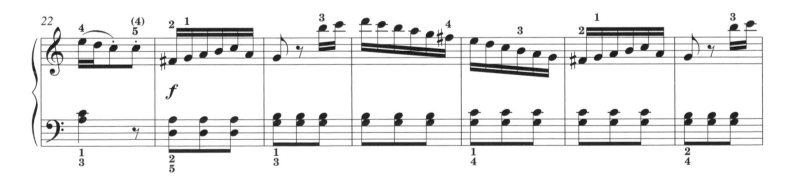

Menuett
G-Dur / G major / Sol majeur
KV 1e + f (Trio)

Wolfgang Amadeus Mozart
(1756 – 1791)

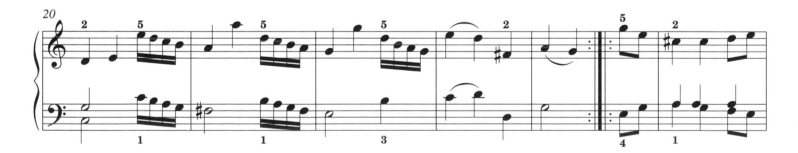

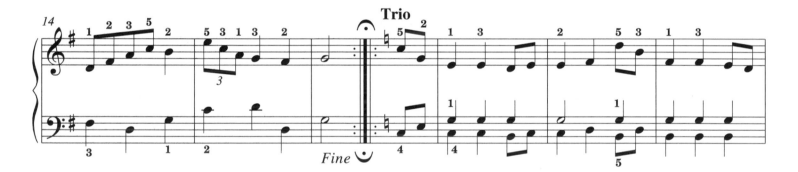

Menuett da Capo al Fine

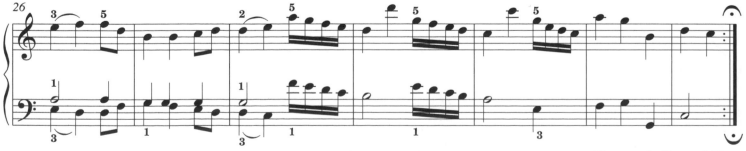

aus / from / de: Der junge Mozart / The young Mozart / Le jeune Mozart, Schott ED 9008

Menuett

F-Dur / F major / Fa majeur

KV 2

Wolfgang Amadeus Mozart
(1756 – 1791)

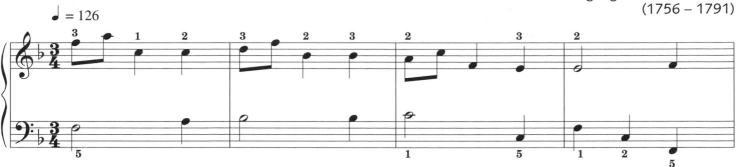

aus / from / de: Der junge Mozart / The young Mozart / Le jeune Mozart, Schott ED 9008

Allegro
B-Dur / B♭ major / Si♭ majeur
KV 3

Wolfgang Amadeus Mozart
(1756 – 1791)

aus / from / de: Der junge Mozart / The young Mozart / Le jeune Mozart, Schott ED 9008

Menuett
F-Dur / F major / Fa majeur
KV 5

Wolfgang Amadeus Mozart
(1756 – 1791)

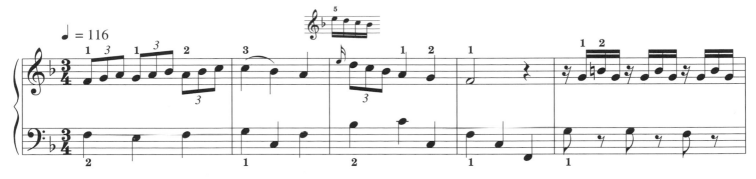

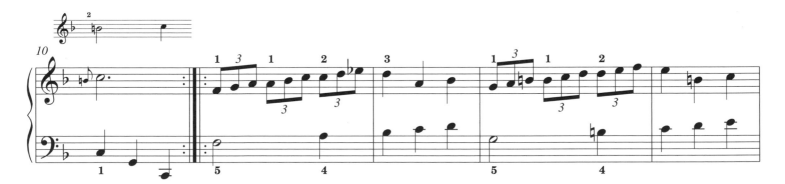

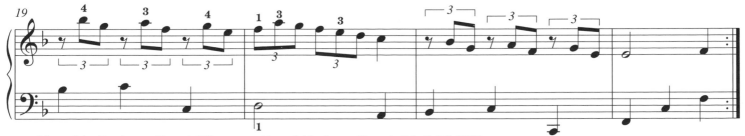

aus / from / de: Der junge Mozart / The young Mozart / Le jeune Mozart, Schott ED 9008

Menuett
C-Dur / C major / Ut majeur
KV 6

Wolfgang Amadeus Mozart
(1756 – 1791)

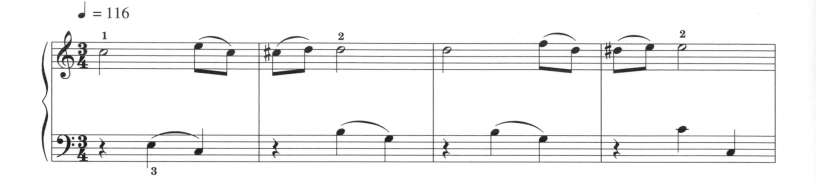

aus / from / de: Der junge Mozart / The young Mozart / Le jeune Mozart, Schott ED 9008

Rondeau
D-Dur / D major / Ré majeur
KV 15d

Wolfgang Amadeus Mozart
(1756 – 1791)

Fine

D. C. al Fine

aus / from / de: Der junge Mozart / The young Mozart / Le jeune Mozart, Schott 9008

Andante

C-Dur / C major / Ut majeur

KV Anh. 140b/1

Wolfgang Amadeus Mozart
(1756 – 1791)

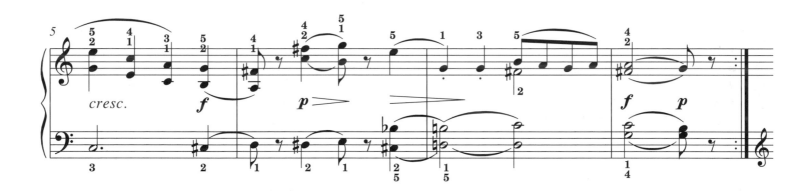

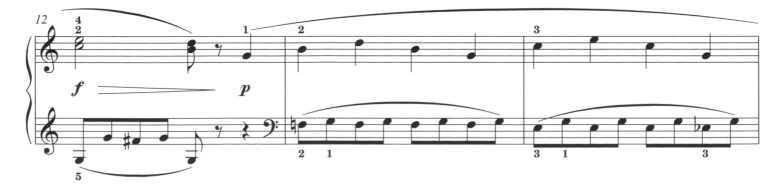

aus / from / de: 12 Petites Pièces pour le Clavecin

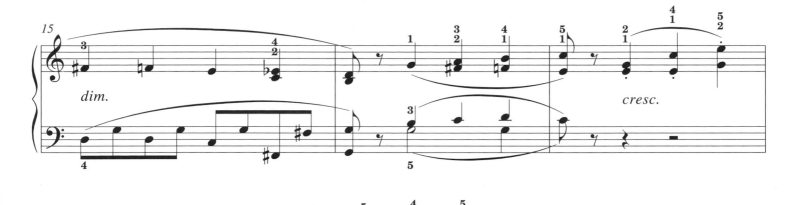

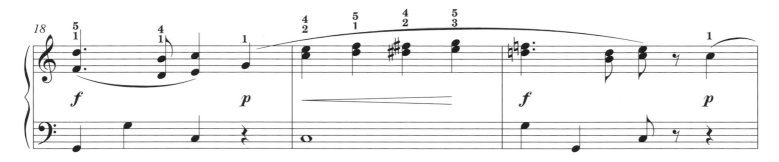

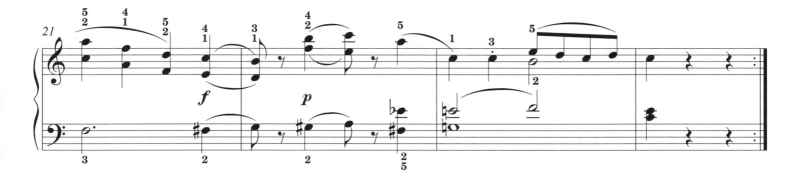

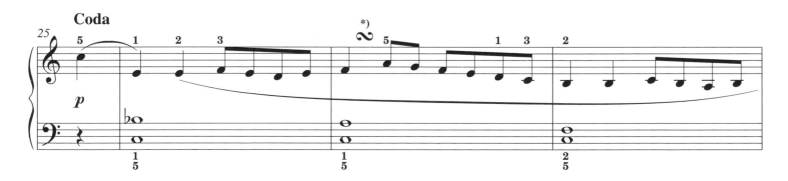

Coda

Rondo C-Dur

Rondo C major / Rondeau Ut majeur

KV Anh. 140b/5

Wolfgang Amadeus Mozart
(1756 – 1791)

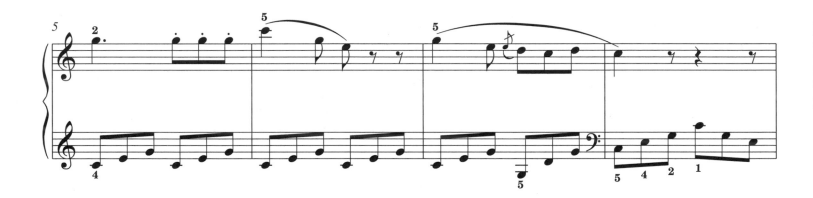

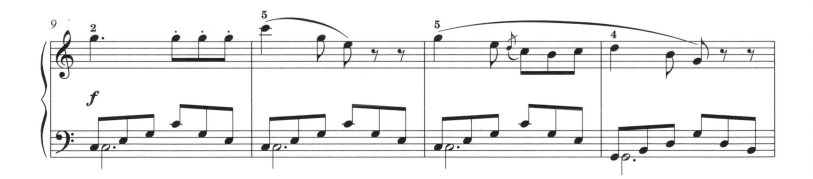

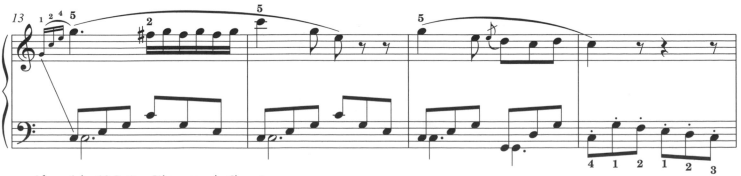

aus / from / de: 12 Petites Pièces pour le Clavecin

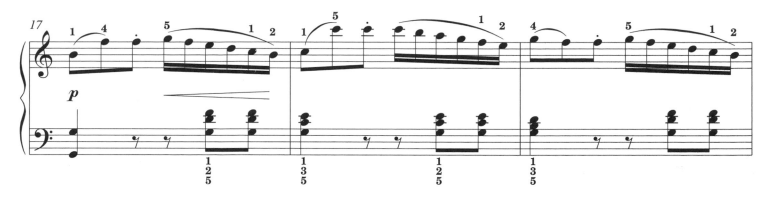

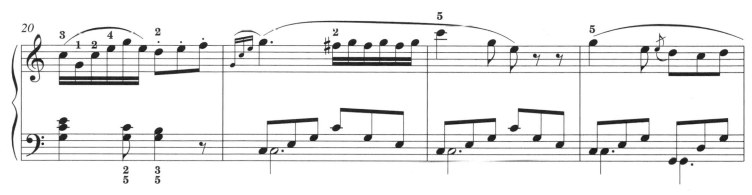

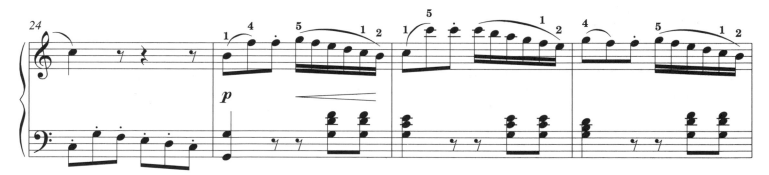

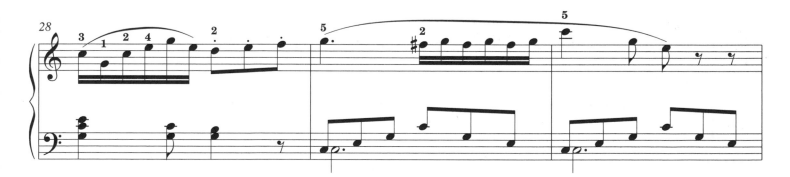

82

Ecossaise
G-Dur / G major / Sol majeur

Ludwig van Beethoven
(1770 – 1827)

Fine

D. C. al Fine

Deutscher Tanz A-Dur

German Dance A major / Danse Allemande La majeur

WoO 42/4

Ludwig van Beethoven
(1770 – 1827)

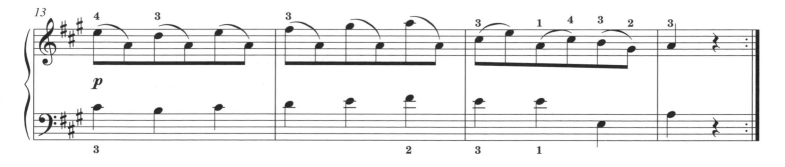

Deutscher Tanz A-Dur

German Dance A major / Danse Allemande La majeur

WoO 81

Ludwig van Beethoven
(1770 – 1827)

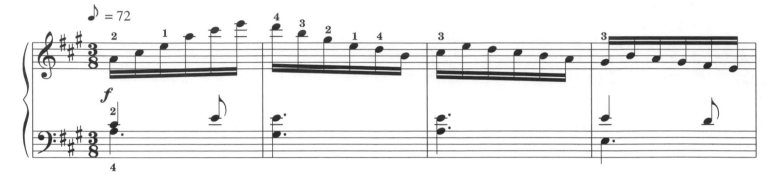

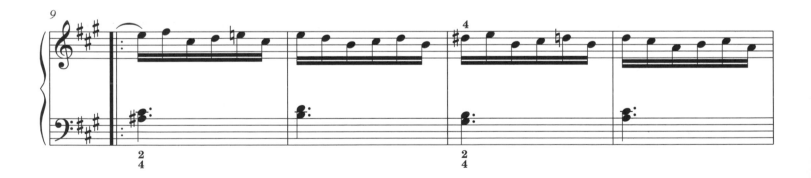

Fine

D. C. al Fine

Sonatine G-Dur
Sonatina G major / Sonatine Sol majeur

Ludwig van Beethoven
(1770 – 1827)

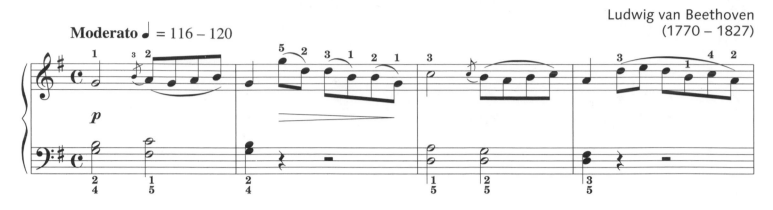

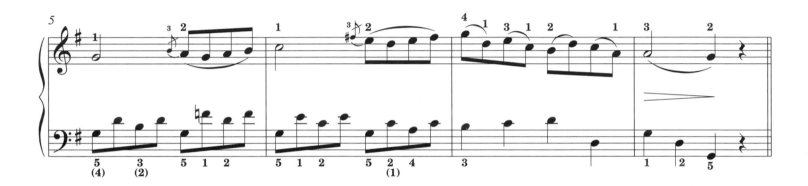

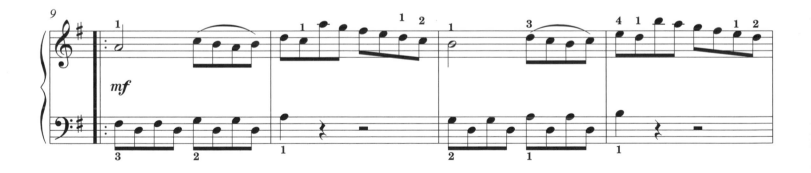

aus / from / de: L. van Beethoven, 2 Sonatinen / 2 Sonatinas / 2 Sonatines, Schott ED 0281

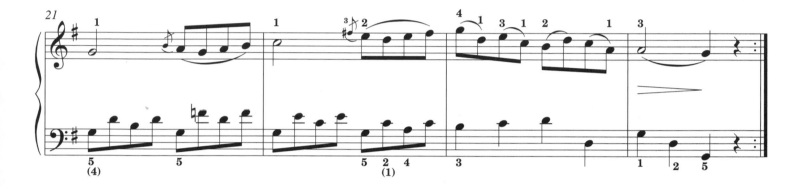

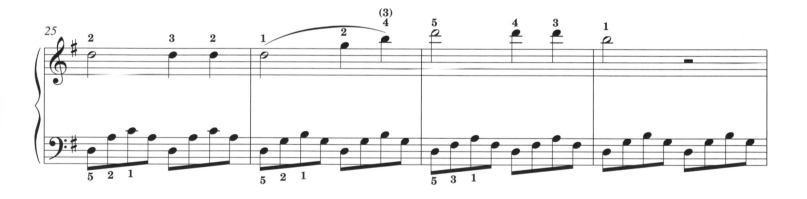

88

Romanze ♩. = 72 – 76

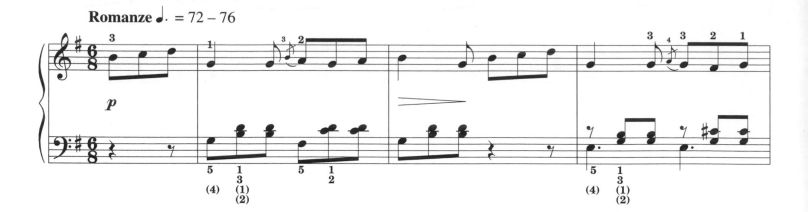

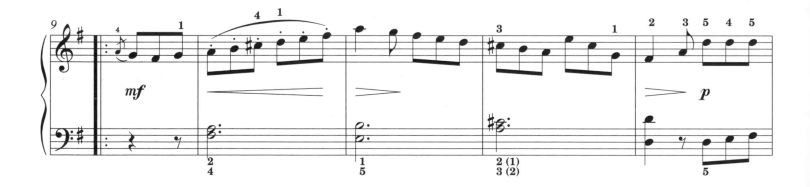

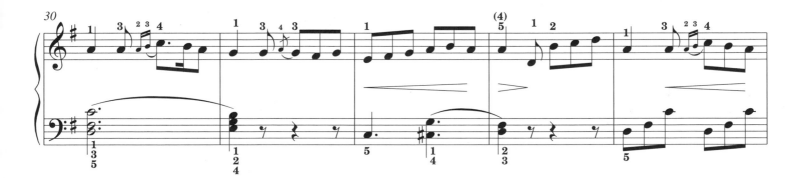

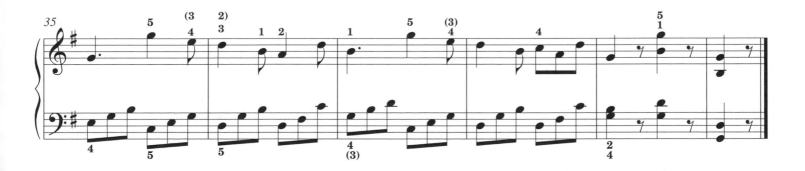

Sonatine F-Dur

Sonatina F major / Sonatina Fa majeur

Ludwig van Beethoven
(1770 – 1827)

Allegro assai ♩ = 92 – 96

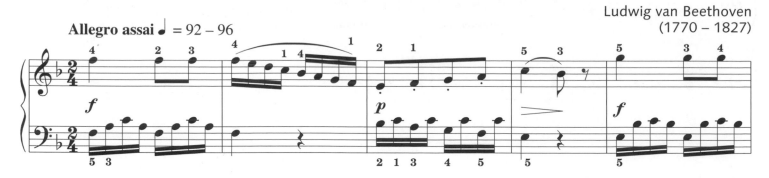

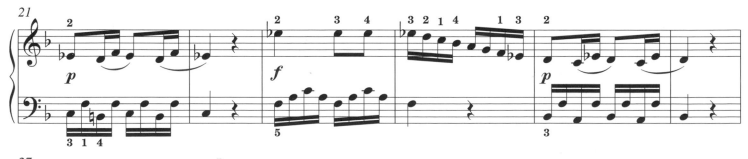

aus / from / de: L. van Beethoven, 2 Sonatinen / 2 Sonatinas / 2 Sonatines, Schott ED 0281

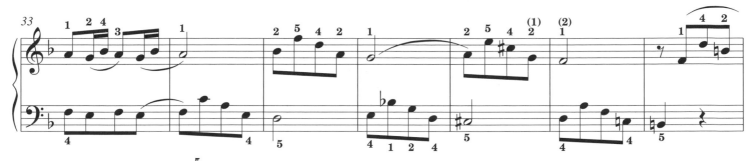

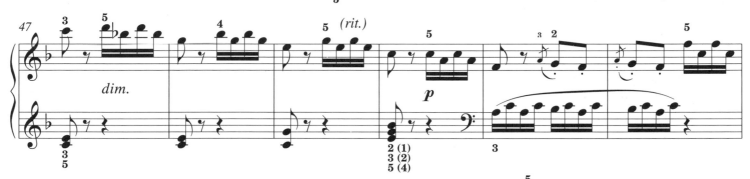

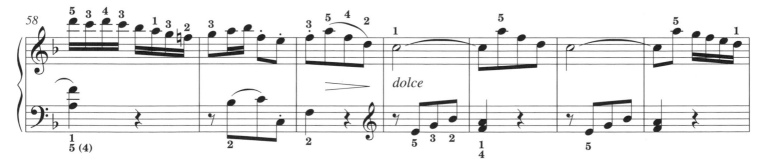

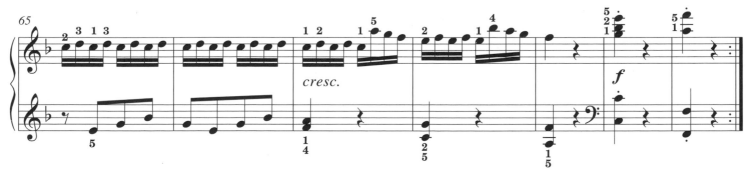

Rondo

Allegro ♩ = 112 – 116

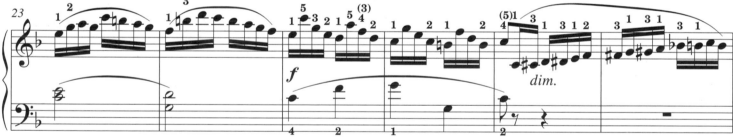

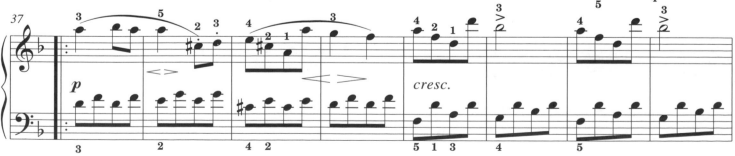

92

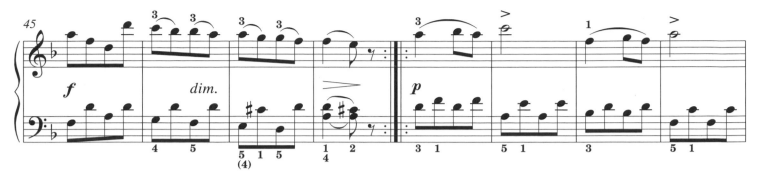

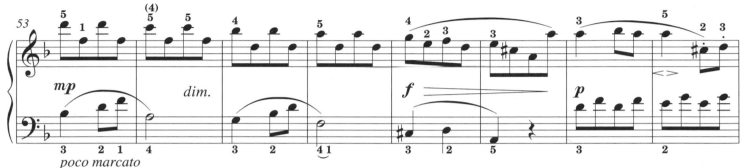

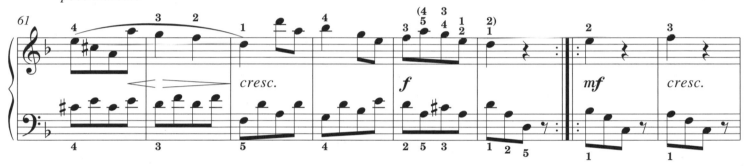

Für Elise

WoO 59

Ludwig van Beethoven
(1770 – 1827)

Poco moto ♪ = 132 – 138

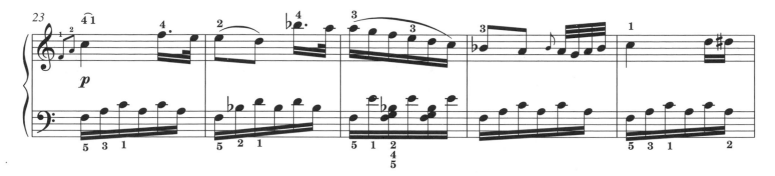

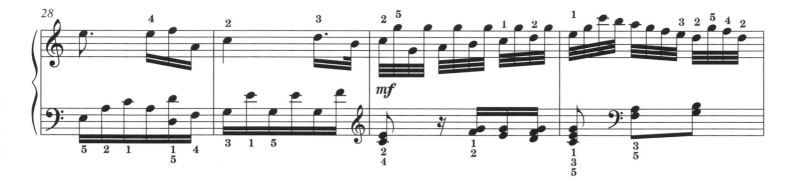

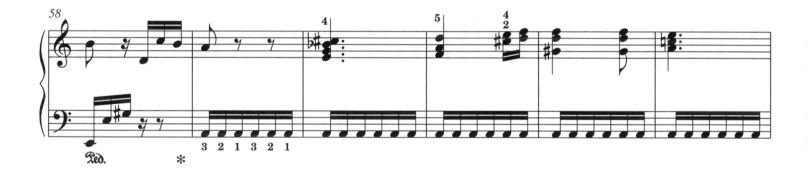

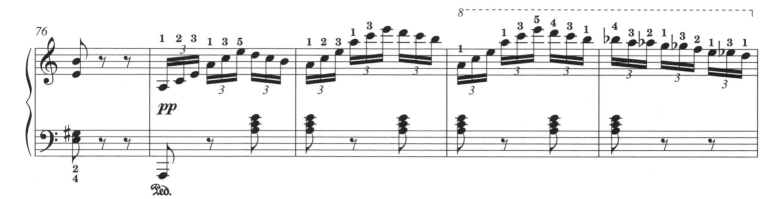

Lustig / Traurig

Happy / Sad – Joyeux / Triste

WoO 54

Ludwig van Beethoven
(1770 – 1827)

D. C. al Fine

Leichte Sonate G-Dur

Easy Sonata G major / Sonate facile Sol majeur

op. 49/2

Ludwig van Beethoven
(1770 – 1827)

Allegro, ma non troppo ♩ = 126

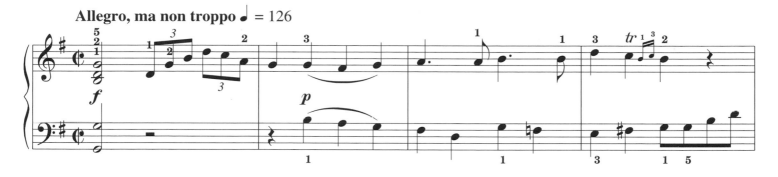

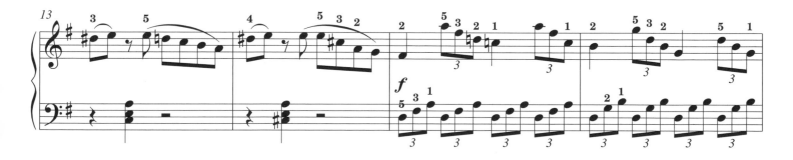

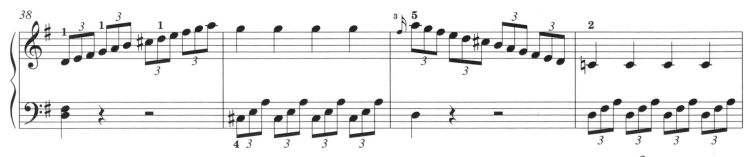

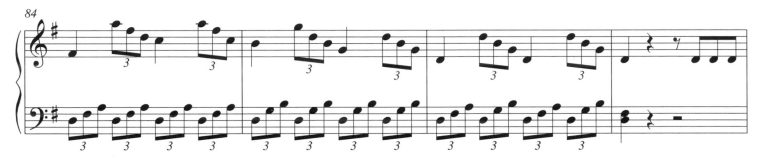

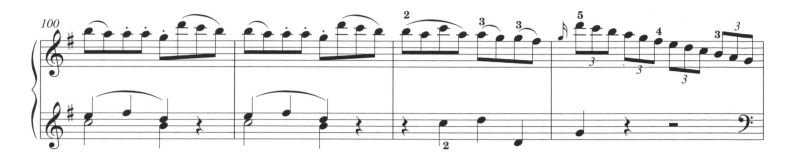

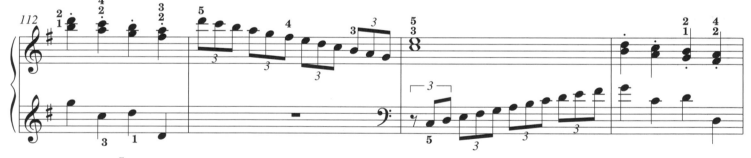

Tempo di Menuetto ♩ = 104

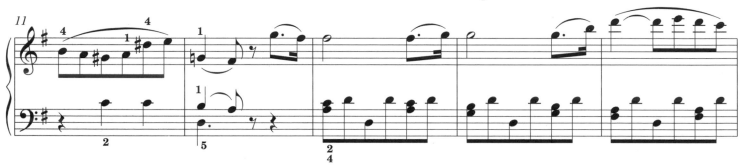

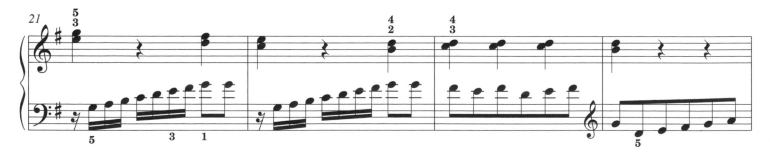

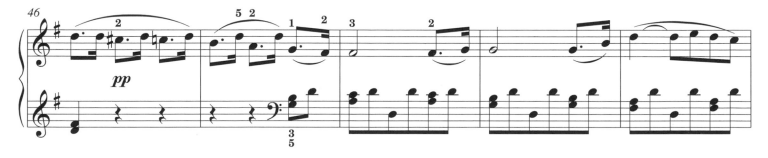

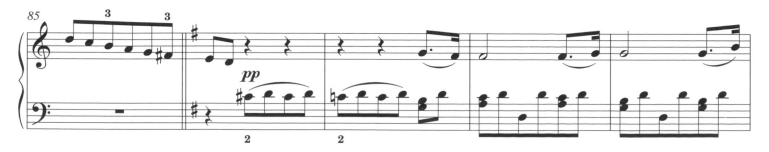

Bagatelle

g-Moll / G minor / Sol mineur

op. 119/1

Ludwig van Beethoven
(1770 – 1827)

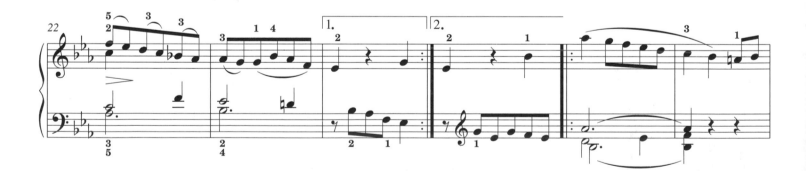

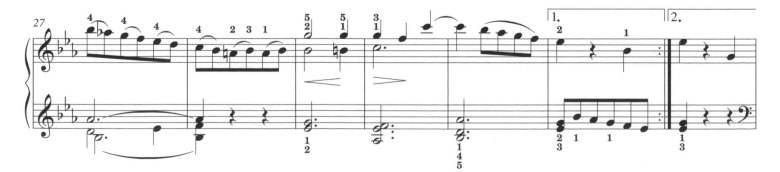

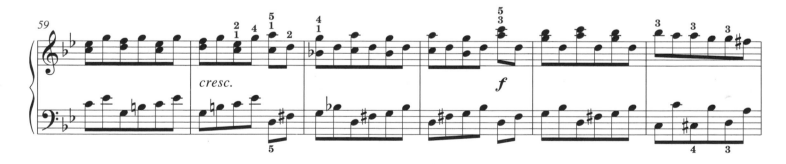

Leichte Variationen
über ein österreichisches Volkslied

Easy Variations on an Austrian Folk Song
Variations faciles sur une chanson populaire autrichienne

G-Dur / G major
op. 42/1

Friedrich Kuhlau
1786–1832

Allegro
Thema / Theme / Thème

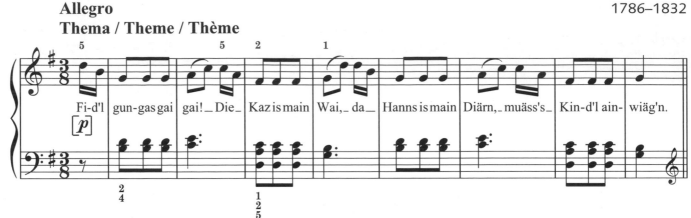

Fi-d'l gun-gas gai gai! _ Die _ Kaz is main Wai, _ da _ Hanns is main Diärn, _ muäss's _ Kin-d'l ain- wiäg'n.

Var. 1

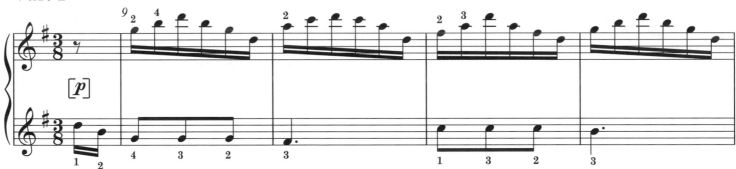

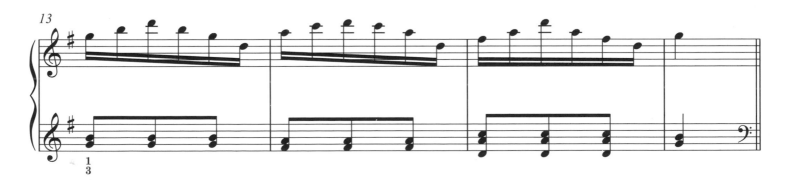

Var. 2

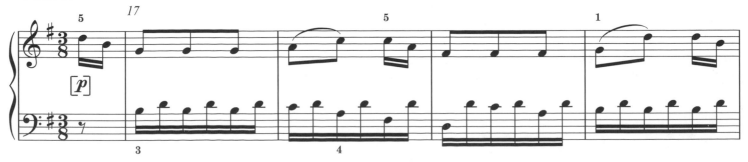

Var. 3

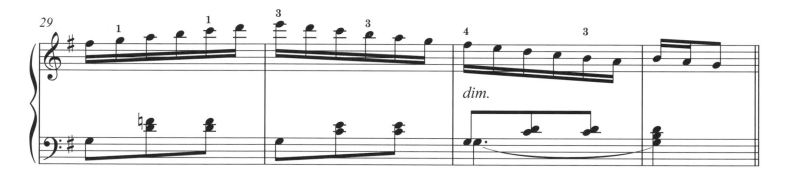

Var. 4

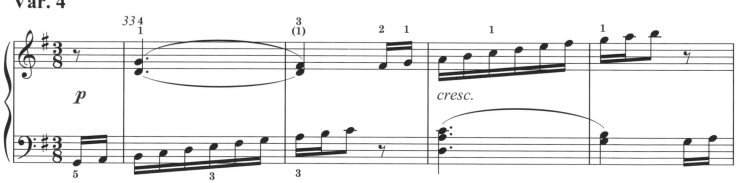

Var. 5

Var. 6

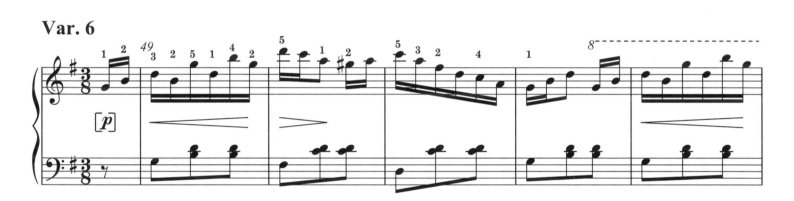

Var. 7

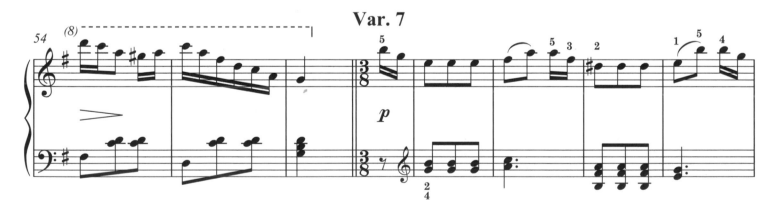

Var. 8

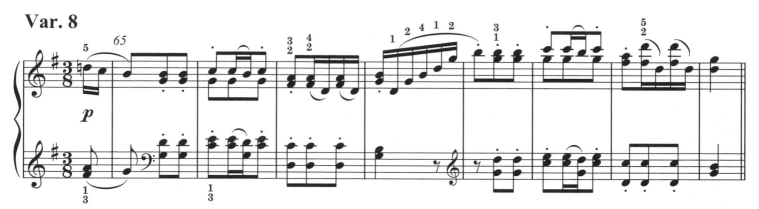

Var. 9

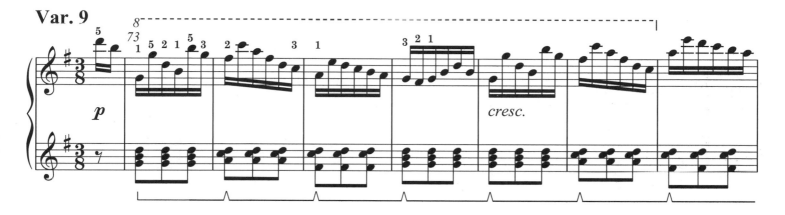

Ecossaise

G-Dur / G major / Sol majeur

op 18/4

Franz Schubert
(1797 – 1828)

Ländler

E♭-Dur / E♭ major / Mi♭ majeur

D 679/2

Franz Schubert
(1797 – 1828)

Walzer h-Moll

Waltz B minor / Valse Si mineur
op. 18/6

Franz Schubert
(1797 – 1828)

Ecossaise
h-Moll / B minor / Si mineur
op. 33/1

Franz Schubert
(1797 – 1828)

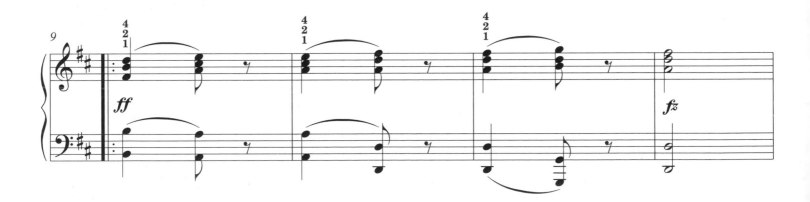

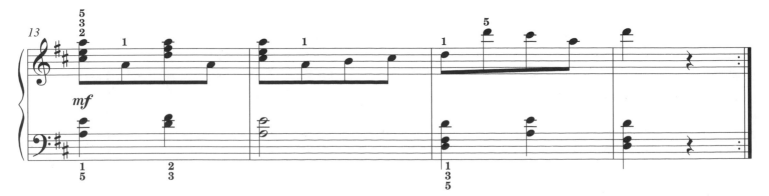

Valse sentimentale

E♭-Dur / E♭ major / Mi♭ majeur

op. 50/27

Franz Schubert
(1797 – 1828)

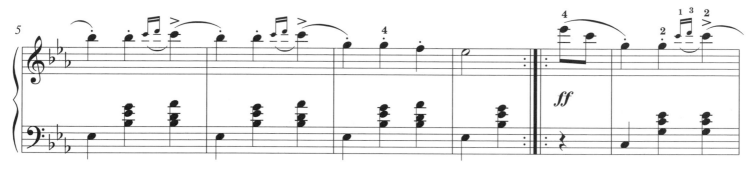

Grätzer Walzer

C-Dur / C major / Ut majeur

D 924/9

Franz Schubert
(1797 – 1828)

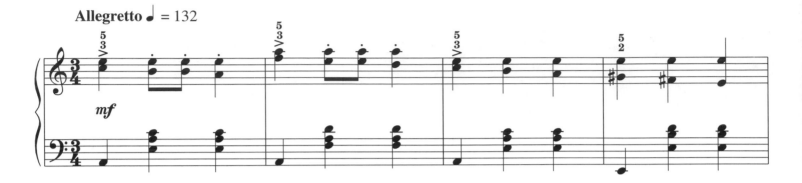

Allegretto

C-Dur / C major / Ut majeur

op. 176/24

Jean Baptiste Duvernoy
(1800 – 1880)

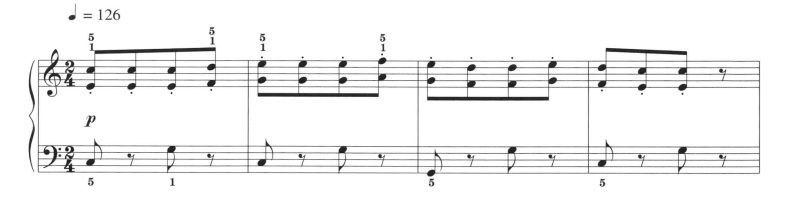

Arabesque

op. 100/2

Friedrich Burgmüller
(1806 – 1874)

aus / from / de: F. Burgmüller, 25 leichte Etüden / 25 easy Studies, op. 100, Schott ED 173

Tarantella

Tarantella / Tarantelle

op. 100/20

Friedrich Burgmüller
(1806 – 1874)

Allegro vivo ♩. = 138

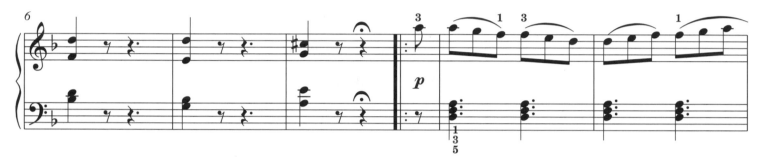

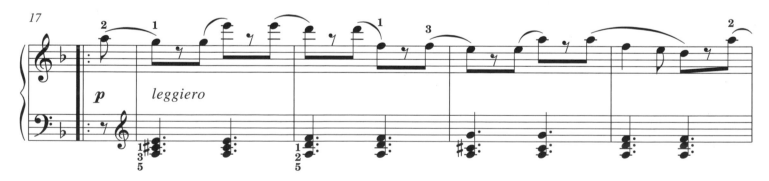

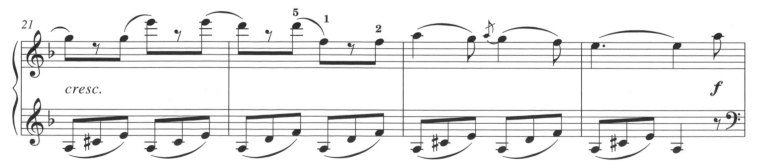

aus / from / de: F. Burgmüller, 25 leichte Etüden / 25 easy Studies, op. 100, Schott ED 173

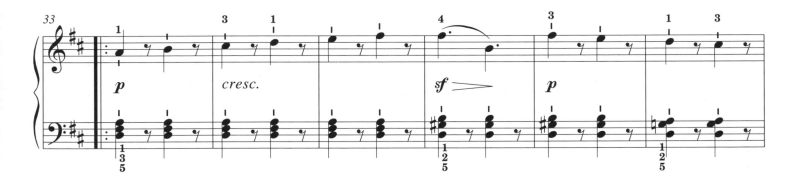

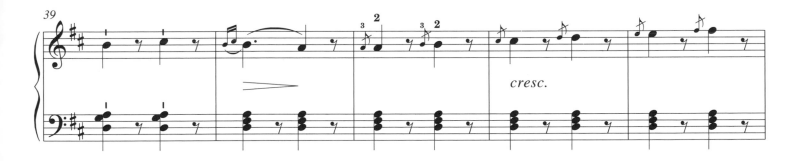

Ballade

Ballad / Ballade

op. 100/15

Friedrich Burgmüller
(1806 – 1874)

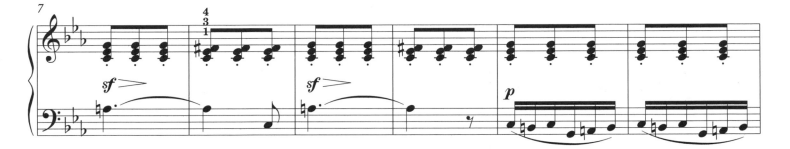

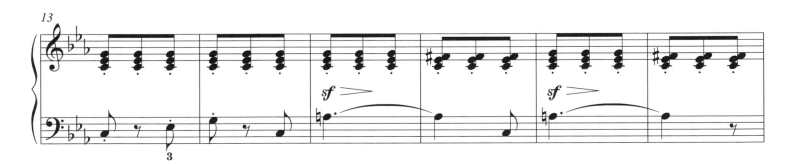

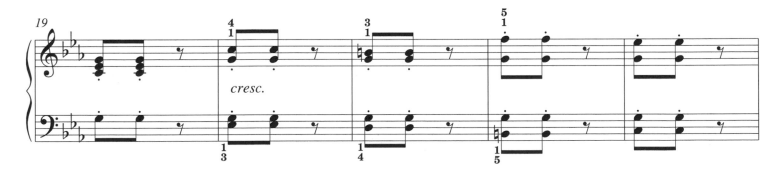

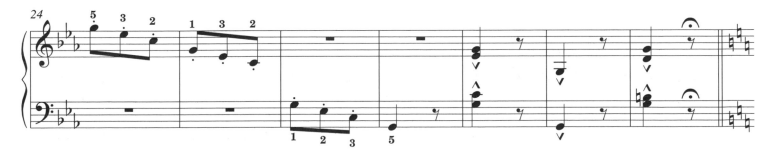

aus / from / de: F. Burgmüller, 25 leichte Etüden / 25 easy Studies, op. 100, Schott ED 173

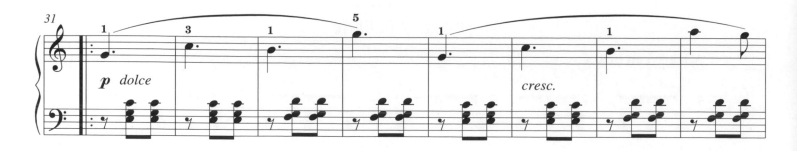

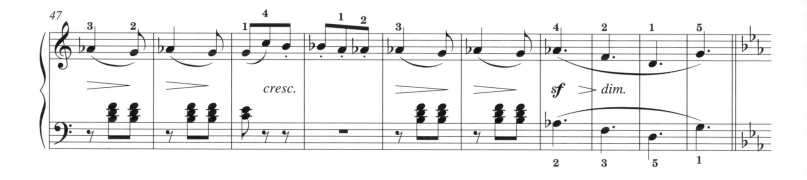

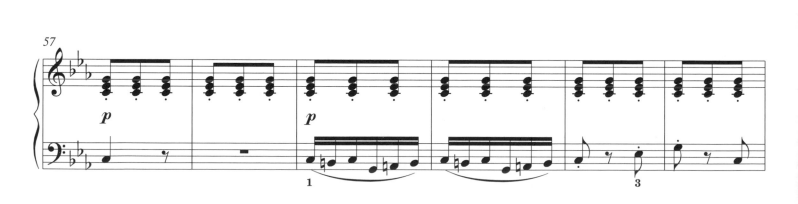

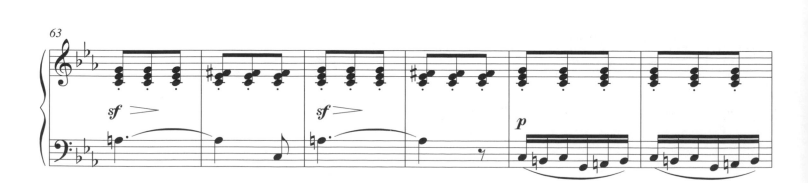

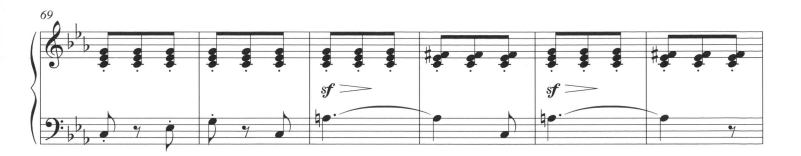

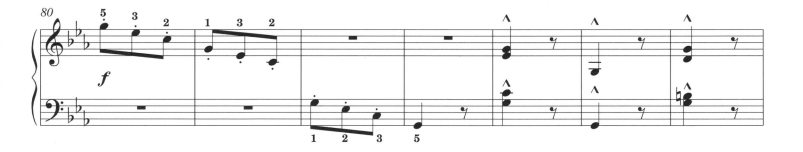

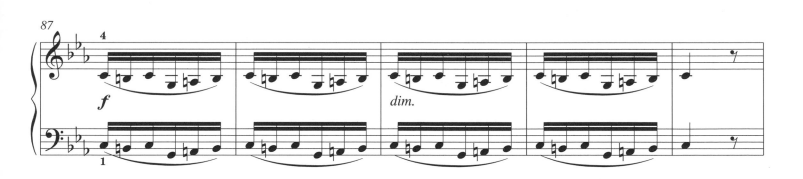

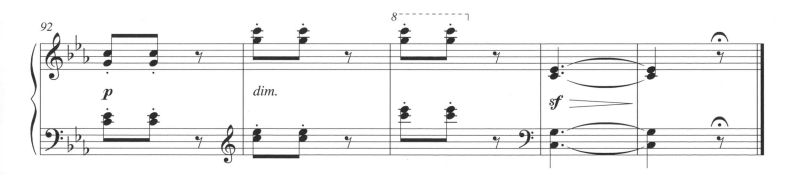

Unruhe

Restlessness / Inquiétude

op. 100/18

Friedrich Burgmüller
(1806 – 1874)

Allegro agitato ♩ = 100 – 108

aus / from / de: F. Burgmüller, 25 leichte Etüden / 25 Easy Studies, op. 100, Schott ED 173

Venetianisches Gondellied

Venetian Boat Song / Barcarolle

op. 19/6

Felix Mendelssohn Bartholdy
(1809 – 1847)

Andante sostenuto ♪ = 126

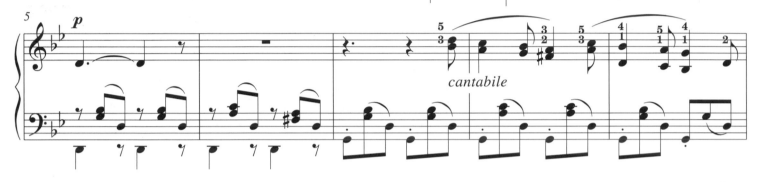

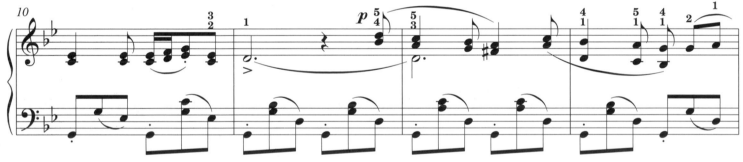

aus / from / de: Lieder ohne Worte / Songs without Words / Chansons sans paroles

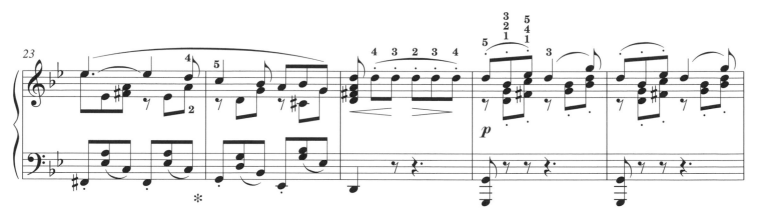

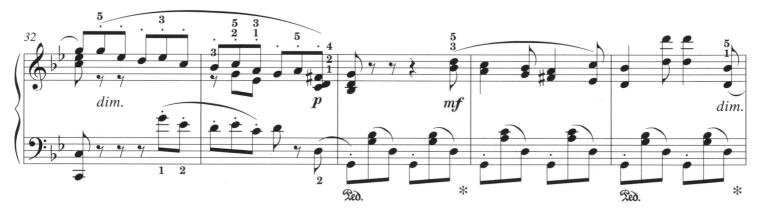

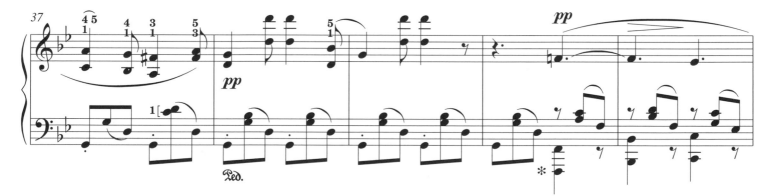

Venetianisches Gondellied

Venetian Boat Song / Barcarolle

op. 30/6

Felix Mendelssohn Bartholdy
(1809 – 1847)

Allegretto tranquillo ♩. = 132

aus / from / de: Lieder ohne Worte / Songs without Words / Chansons sans paroles

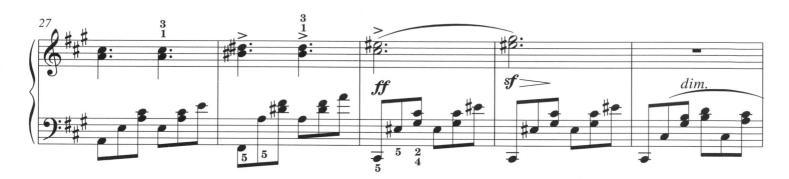

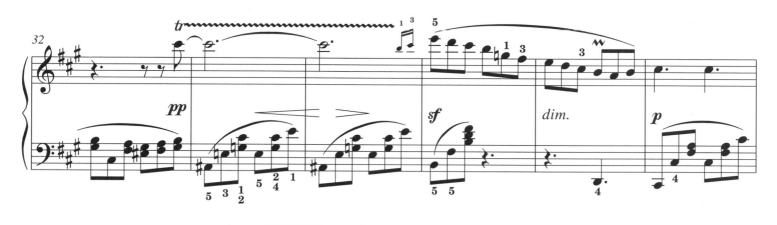

Von fremden Ländern und Menschen

From foreign Lands and People / Gens et pays étrangers

op. 15/1

Robert Schumann
(1810 – 1856)

aus / from / de: R. Schumann, Kinderszenen / Scenes from Childhood / Scènes d'enfants, Schott ED 0755

Bittendes Kind
Pleading Child / Désir d'enfant
op. 15/4

Robert Schumann
(1810 – 1856)

aus / from / de: R. Schumann, Kinderszenen / Scenes from Childhood / Scènes d'enfants, Schott ED 0755

Fürchtenmachen
Bogeyman's Coming / Croquemitaine
op. 15/11

Robert Schumann
(1810 – 1856)

aus / from / de: R. Schumann, Kinderszenen / Scenes from Childhood / Scènes d'enfants, Schott ED 0755

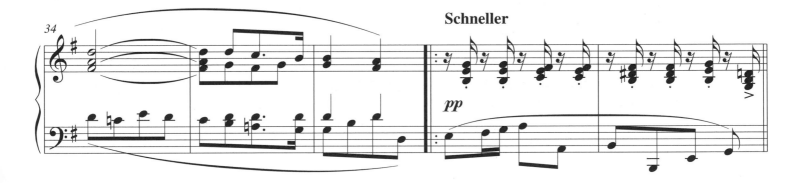

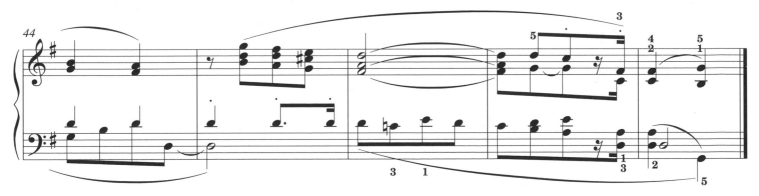

Armes Waisenkind
Poor little Orphanchild / Pauvre petite orpheline

Robert Schumann
(1810 – 1856)

op. 68/6

aus / from / de: R. Schumann, Album für die Jugend / Album for the Young / Album pour la jeunesse, Schott ED 9010

Träumerei
Reveries / Rêverie
op. 15/7

Robert Schumann
(1810 – 1856)

con Ped.

ritardando _ _ _ _ _ _ _ _ _ _ _ _ _ _ _ _ _

aus / from / de: R. Schumann, Kinderszenen / Scenes from Childhood / Scènes d'enfants, Schott ED 0755

Wilder Reiter
Wild Horseman / Le petit cavalier téméraire
op. 68/8

Robert Schumann
(1810 – 1856)

aus / from / de: R. Schumann, Album für die Jugend / Album for the Young / Album pour la jeunesse, Schott ED 9010

Fröhlicher Landmann, von der Arbeit zurückkehrend

The Merry Peasant / Le gai laboureur

op. 68/10

Robert Schumann
(1810 – 1856)

Frisch und munter ♩ = 100 – 112

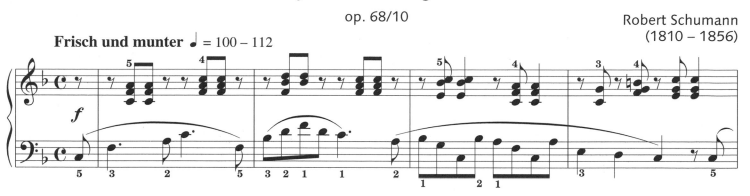

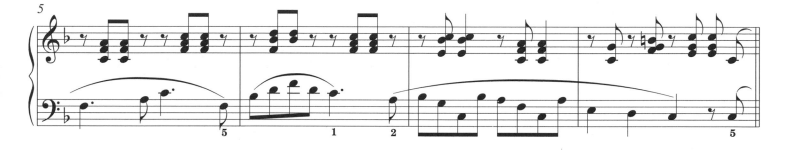

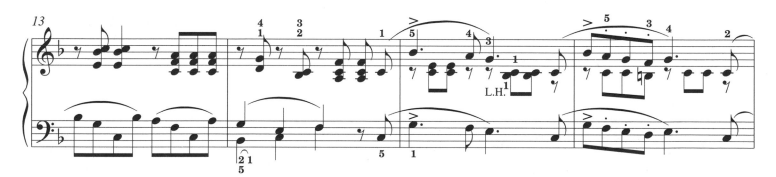

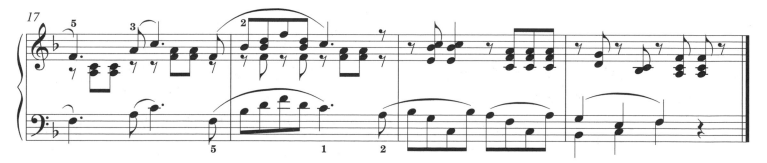

aus / from / de: R. Schumann, Album für die Jugend / Album for the Young / Album pour la jeunesse, Schott ED 9010

Sizilianisch
Siciliana / Sicilienne
op. 68/11

Robert Schumann
(1810 – 1856)

aus / from / de: R. Schumann, Album für die Jugend / Album for the Young
Album pour la jeunesse, Schott ED 9010

Vom Anfang ohne Wiederholungen bis zum Schluss
D. C. al Fine senza ripetizione

Erster Verlust
First Loss / Premier chagrin
op. 68/16

Robert Schumann
(1810 – 1856)

Nicht schnell ♩ = 56 – 63

aus / from / de: R. Schumann, Album für die Jugend / Album for the Young / Album pour la jeunesse, Schott ED 9010

Mazurka

a-Moll / A minor / La mineur

op. 7/2

Frédéric Chopin
(1810 – 1849)

Vivo ma non troppo ♩ = 126

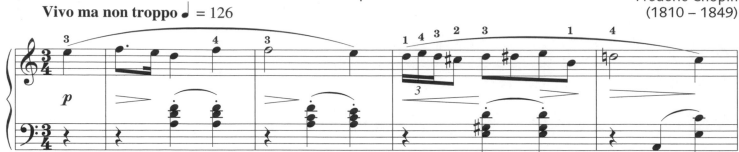
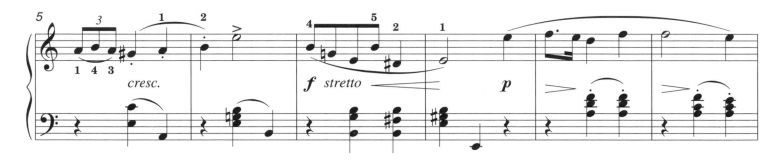
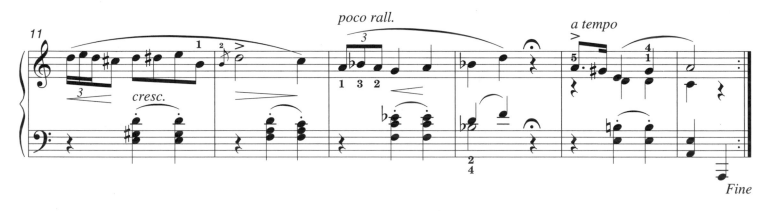

aus / from / de: F. Chopin, 20 ausgewählte Mazurken / 20 selected Mazurkas, Schott ED 9022

D. C. al Fine

Mazurka

F-Dur / F major / Fa majeur

op. 68/3

Frédéric Chopin
(1810 – 1849)

Allegro, ma non troppo ♩ = 120

aus / from / de: F. Chopin, 20 ausgewählte Mazurken / 20 selected Mazurkas, Schott ED 9022

Polonaise

g-Moll / G minor / Sol mineur

BI 1

Frédéric Chopin
(1810 – 1849)

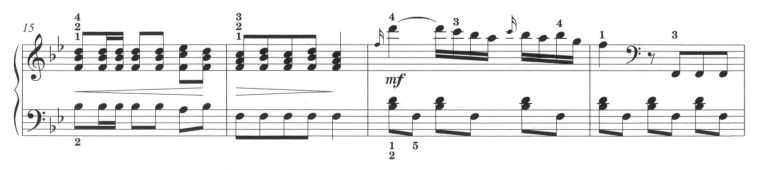

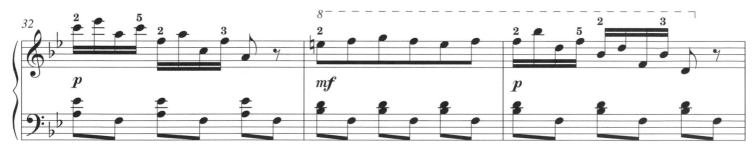

Polonaise D. C. al Fine

Polonaise

B-Dur / Bb major / Sib majeur

BI 3

Frédéric Chopin
(1810 – 1849)

Fine

Trio

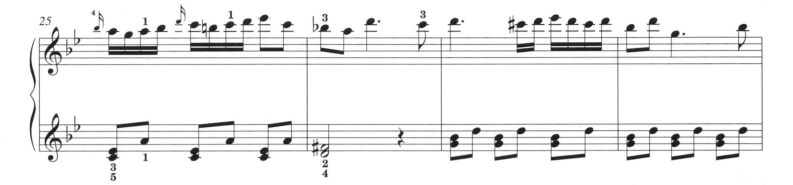

Polonaise D. C. al Fine

Prélude

h-Moll / B minor / Si mineur

op. 28/6

Frédéric Chopin
(1810 – 1849)

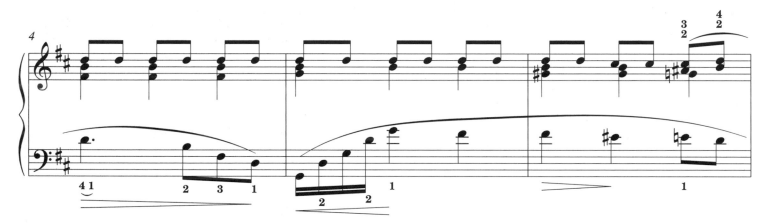

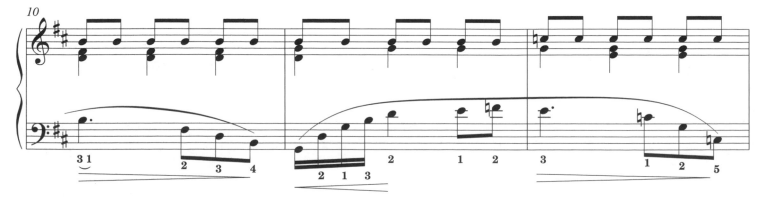

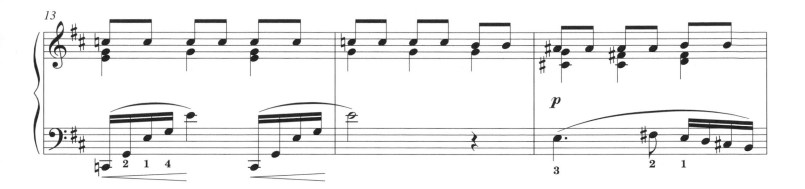

Walzer a-Moll

Waltz A minor/ Valse La mineur

op. posth.

Frédéric Chopin
(1810 – 1849)

Allegretto ♩ = 126

Prélude
e-Moll / E minor / Mi mineur
op. 28/4

Frédéric Chopin
(1810 – 1849)

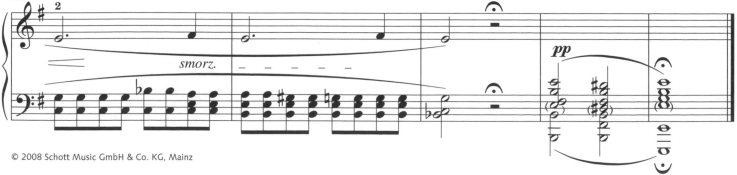

Thema mit Variation

Theme with Variation / Thème avec variation

Cornelius Gurlitt
(1820 – 1901)

aus / from / de: op. 228

Valse noble

C-Dur / C major / Ut majeur

op. 210/17

Cornelius Gurlitt
(1820 – 1901)

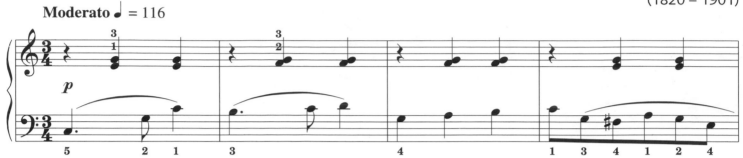

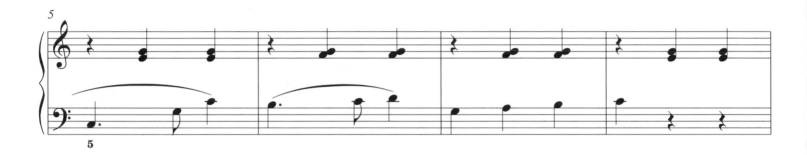

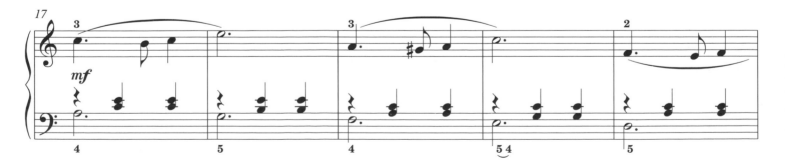

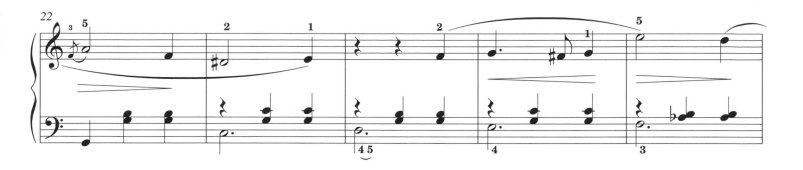

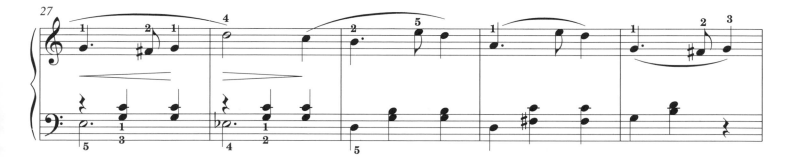

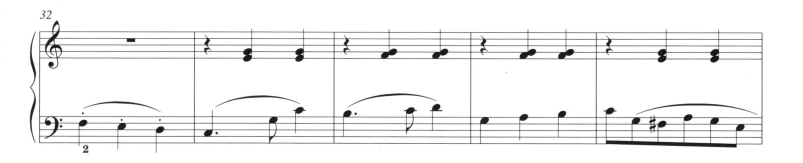

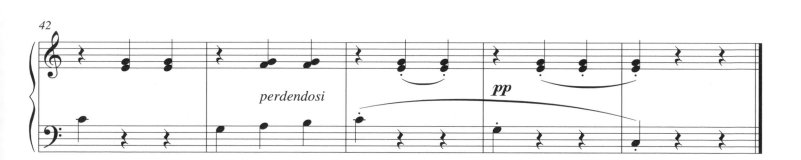

Les Plaintes d'une Poupée

César Franck
(1822 – 1890)

Andantino ♩ = 72 – 76

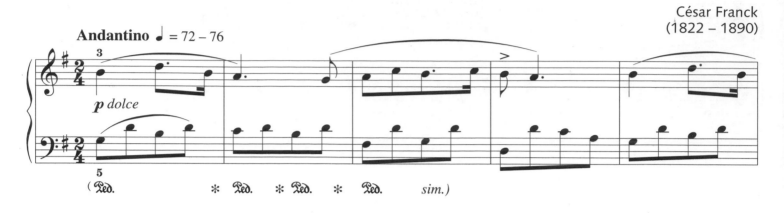

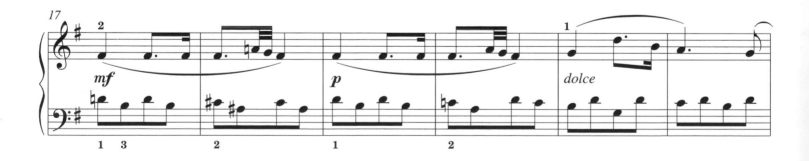

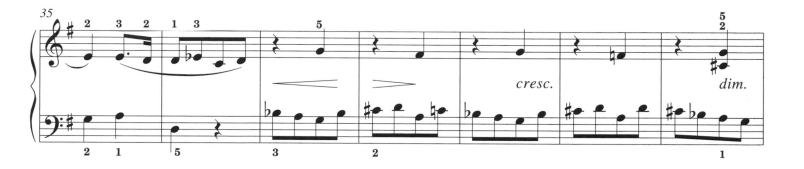

Die kranke Puppe

The Sick Doll / La poupée malade

op. 39/6

Peter Iljitsch Tschaikowsky
(1840 – 1893)

Moderato ♩ = 69 – 76

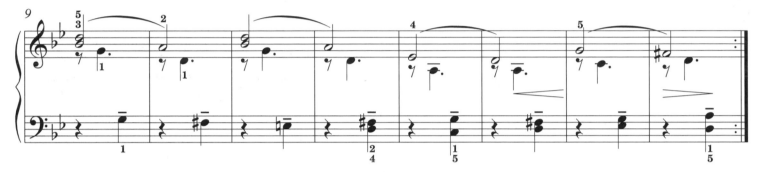

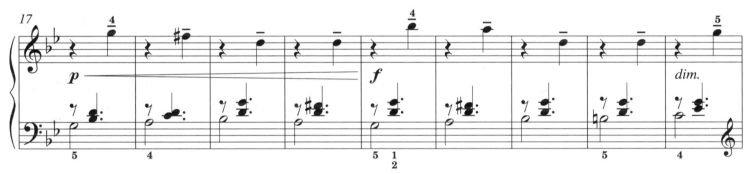

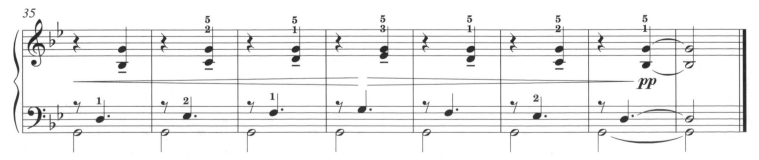

aus / from / de: P. I. Tschaikowsky, Kinderalbum / Children's Album / Album pour les enfants, Schott ED 8310

Das Begräbnis der Puppe

The Doll's Funeral / Enterrement de la poupée

op. 39/7

Peter Iljitsch Tschaikowsky
(1840 – 1893)

aus / from / de: P. I. Tschaikowsky, Kinderalbum / Children's Album / Album pour les enfants, Schott ED 8310

Die neue Puppe
The New Doll / La nouvelle poupée
op. 39/9

Peter Iljitsch Tschaikowsky
(1840 – 1893)

Vivace assai ♩. = 88

aus / from / de: P. I. Tschaikowsky, Kinderalbum / Children's Album / Album pour les enfants, Schott ED 8310

Italienisches Lied
Italian Song / Chanson Italienne
op. 39/15

Peter Iljitsch Tschaikowsky
(1840 – 1893)

aus / from / de: P. I. Tschaikowsky, Kinderalbum / Children's Album / Album pour les enfants, Schott ED 8310

Mazurka

op. 39/10

Peter Iljitsch Tschaikowsky
(1840 – 1893)

Allegro moderato ♩ = 120

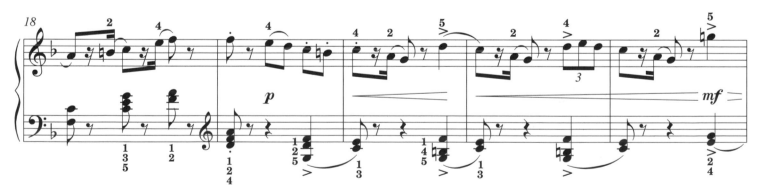

aus / from / de: P. I. Tschaikowsky, Kinderalbum / Children's Album / Album pour les enfants, Schott ED 8310

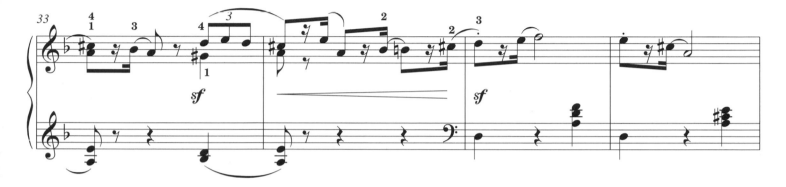

Süße Träumerei

Sweet Dreaming / Douce rêverie

op. 39/21

Peter Iljitsch Tschaikowsky
(1840 – 1893)

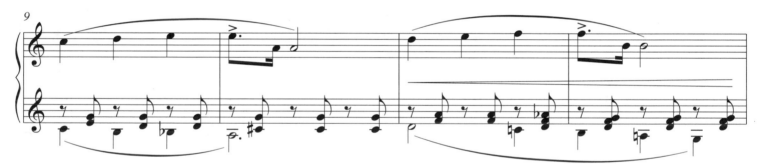

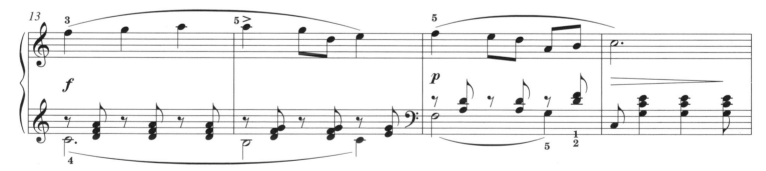

aus / from / de: P. I. Tschaikowsky, Kinderalbum / Children's Album / Album pour les enfants, Schott ED 8310

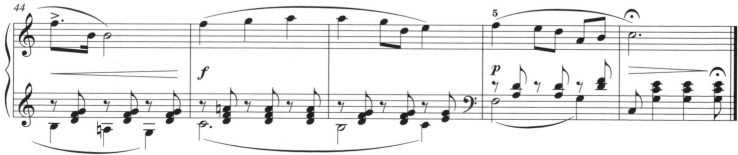

Altfranzösisches Lied

Old French Song / Vieux chant Français

op. 39/16

Peter Iljitsch Tschaikowsky
(1840 – 1893)

Andantino ♩ = 56 – 66

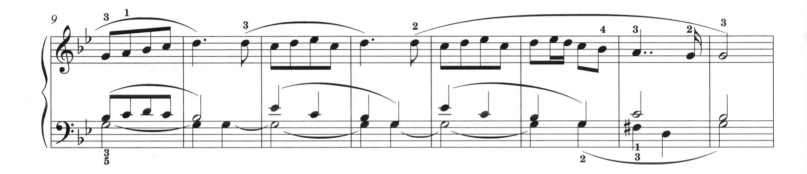

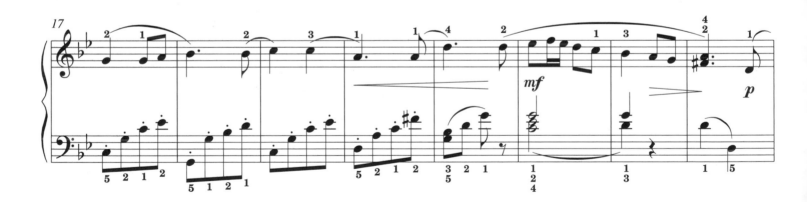

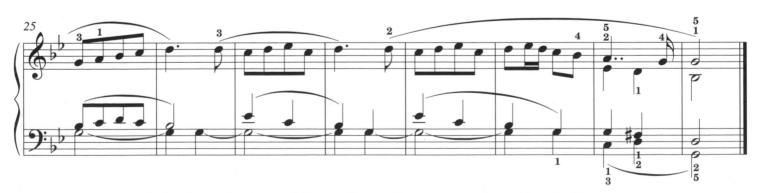

aus / from / de: P. I. Tschaikowsky, Kinderalbum / Children's Album / Album pour les enfants, Schott ED 8310

Arietta
op. 12/1

Edvard Grieg
(1843 – 1907)

Poco Andante e sostenuto ♪ = 84

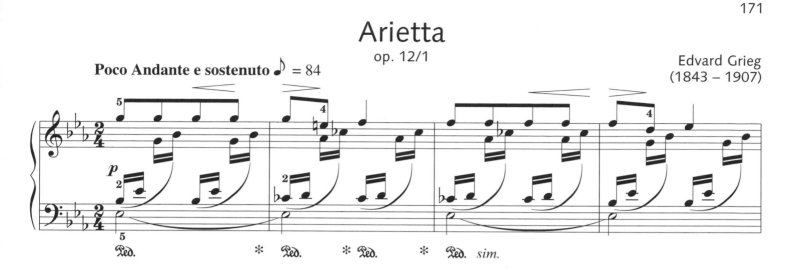

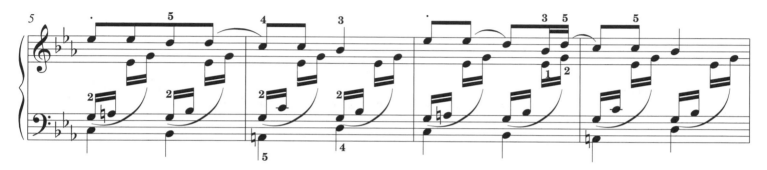

aus / from / de: Lyrische Stücke / Lyric Pieces / Pièces lyriques, Schott ED 9011

Walzer

Waltz / Valse

op. 12/2

Edvard Grieg
(1843 – 1907)

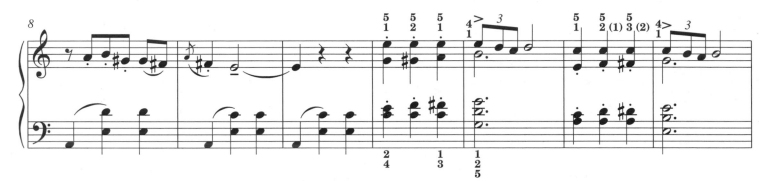

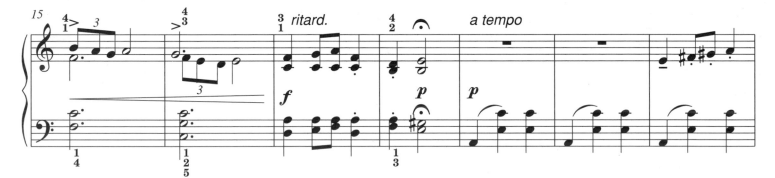

aus / from / de: Lyrische Stücke / Lyric Pieces / Pièces lyriques, Schott ED 9011

Coda

Norwegisch
Norwegian Melody / Mélodie Norvégienne
op. 12/6

Edvard Grieg
(1843 – 1907)

Presto marcato ♩. = 76

aus / from / de: E. Grieg, Lyrische Stücke / Lyric Pieces / Pièces lyriques, Schott ED 9011

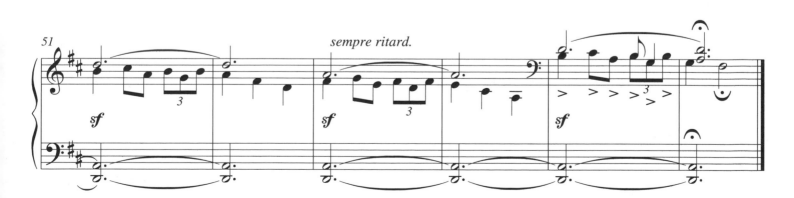

Le petit nègre
Cakewalk

Claude Debussy
(1862 – 1918)

Allegro giusto ♩ = 108 – 116

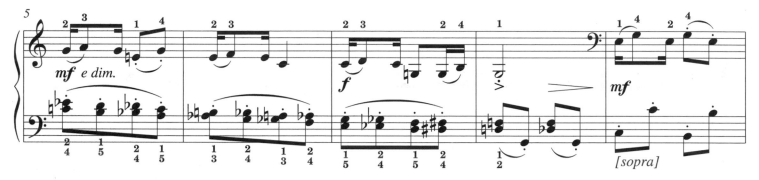

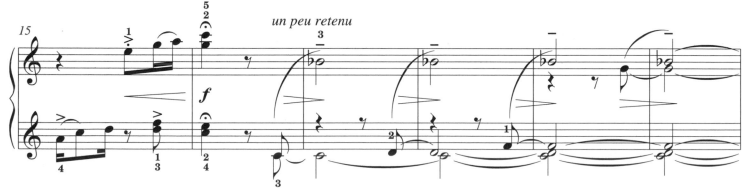

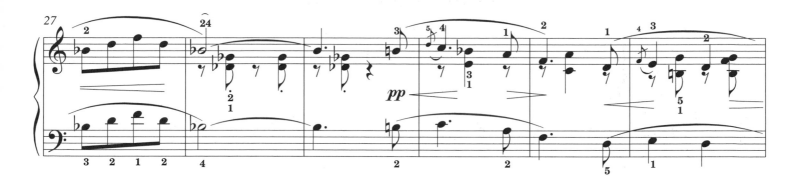

Njanja ist krank

Njanja is ill / Njanja est malade

op. 98/7

Alexander Gretchaninoff
(1864 – 1956)

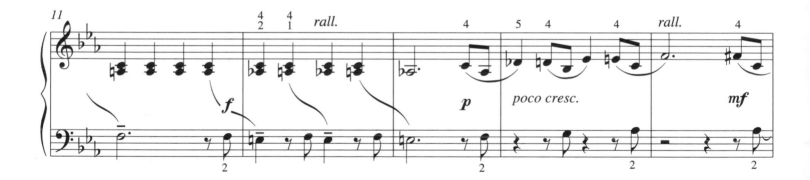

aus / from / de: A. Gretchaninoff, Das Kinderbuch / Childrens' Book, Schott ED 1100

Wiegenlied
Lullaby / Berceuse
op. 98/9

Alexander Gretchaninoff
(1864 – 1956)

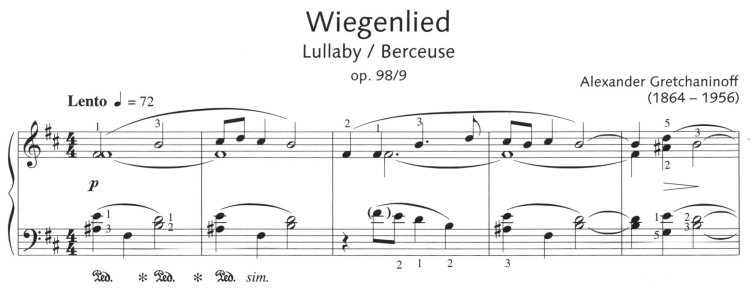

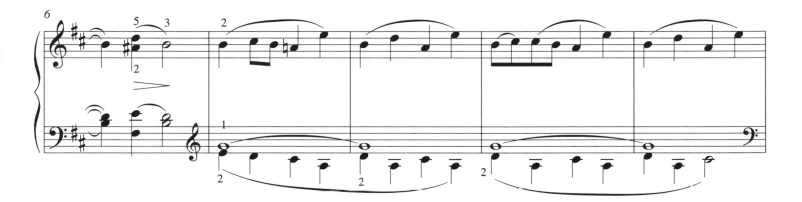

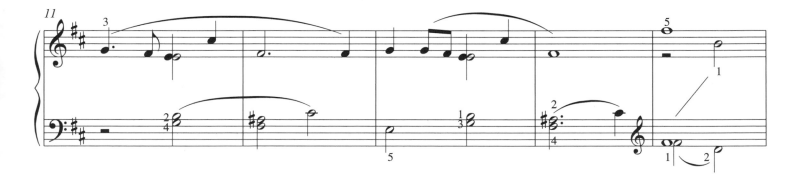

aus / from / de: A. Gretchaninoff, Das Kinderbuch / Childrens' Book, Schott ED 1100

Der kleine Gernegroß

The Little Show-Off / Le petit vantard

op. 98/15

Alexander Gretchaninoff
(1864 – 1956)

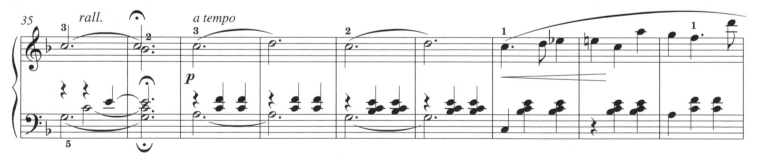

aus / from / de: A. Gretchaninoff, Das Kinderbuch / Children's Book, Schott ED 1100

Ein altes Gedicht

An old Romance / Un vieille Romance

op. 119/2

Alexander Gretchaninoff
(1864 – 1956)

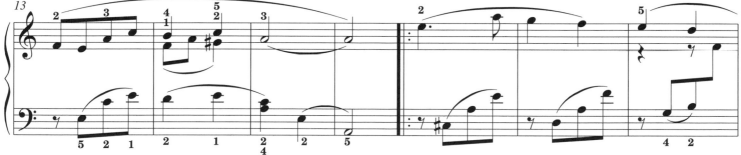

aus / from / de: A. Gretchaninoff, Das Großvaterbuch / Grandfather's Book, Schott ED 1467

Schott Music, Mainz 52 905